29,80

W0045925

Rosch
Laura G.

Mirjam Rosch

Laura G.
Im Namen des Teufels

Ein Tatsachenbericht

Patmos Verlag Düsseldorf

Die Deutsche Bibliothek — CIP-Einheitsaufnahme
Rosch, Mirjam:
Laura G. : im Namen des Teufels ; ein Tatsachenbericht /
Mirjam Rosch. – 1. Aufl. – Düsseldorf : Patmos-Verl., 1995
   ISBN 3-491-72335-3

© 1995 Patmos Verlag Düsseldorf
Alle Rechte vorbehalten
1. Auflage 1995
Umschlagbild: Eberhard Grames, Kranenburg
Satz: Fotosatz Froitzheim, Bonn
Druck und Verarbeitung: Lengericher Handelsdruckerei, Lengerich
ISBN 3-491-72335-3

Inhalt

7   Zu diesem Buch

26   Erster Teil

60   Etwas zu Laura G.

63   Zweiter Teil

118   Etwas zu Laura G.

123   Dritter Teil

188   Epilog

197   Abschließende Bemerkungen zu rituellem Mißbrauch

208   Sektenbeauftragte — Hilfsorganisationen —
      Selbsthilfegruppen

Gib dem Bösen dieser Welt keinen Raum
dann hat es keinen Bestand!

Danksagung

Als erstes gilt mein Dank Laura G. Ohne ihr Vertrauen wäre dieses Buch nie entstanden. Danken möchte ich meinen Freundinnen Christa T. und Elisabeth D. Durch positive Gedankenenergie ließen sie mir immer wieder jene Kraft zuströmen, die mir zum Schreiben dieses beklemmenden Buches unentbehrlich war. Mein Dank geht gleichfalls an Norbert S., der es verstand, durch aufbauende und stärkende Gespräche mein Durchhaltevermögen zu stabilisieren. Dazu zählt auch Edda L., die mir in Zeiten des Stillstandes und der Mutlosigkeit neue Hoffnung machte. Nicht zuletzt gilt mein Dank meinem Mann, der den Phasen meiner Wut und Depression, die das Schreiben dieses Buches mit sich brachte, mit Geduld und Verständnis begegnet ist. Schließlich danke ich meinem Lektor, der mich ermunterte, dieses schwierige Thema in Angriff zu nehmen. Ohne diese Menschen wäre das Buch nicht entstanden.

Mirjam Rosch, im Februar 1995

Zu diesem Buch

Als ich Laura G. kennenlernte, hatte ich keinesfalls die Absicht, ein Buch über sie zu schreiben. Sie war zu früheren Zeiten Opfer von Satanisten geworden: mit dieser finstersten Seite unserer Gesellschaft wollte ich nichts zu tun haben. Doch im Laufe der Zeit lernte ich sie kennen und schätzen, wir freundeten uns an. Ich wurde Mitwisser ihrer traumatischen Kindheitserlebnisse. Die Idee zu diesem Buch entstand.

Was will dieses Buch?

Zum einen Hoffnung spenden all jenen Menschen, denen ähnliches wie Laura G. widerfahren ist, denn als Opfer hat sie durchlebt und überlebt, sie ist trotz ihrer traumatischen Kindheit nicht untergegangen, sondern ist ein Mensch voll Stärke, Hoffnung und Zuversicht. Zum anderen möchte das Buch eine Katastrophe dokumentieren, die in die Tiefen des Unbewußten gesunken und somit nicht existent war. Laura G. war schon in frühester Kindheit ein Meister im Dissoziieren geworden. Das von ihr Erlebte ruhte abgespalten und tief vergraben unter einer undurchdringlichen Schicht von Zeit und Vergessen. Daß sie unter schwerer Amnesie (Erinnerungsverlust) litt, war ihr nicht bewußt. Bis zu jenem Tag, an dem die Mauer ihres schweigenden Unterbewußtseins Risse bekam. Das war während eines mehrwöchigen Klinikaufenthaltes, als Laura zum erstenmal seit der Geburt ihres Kindes wieder ganz auf sich gestellt war und innerlich wie äußerlich zur Ruhe kam. Sie war zu diesem Zeitpunkt sechsundzwanzig Jahre alt und befand sich eines intensiven Medikamententests wegen in der Hautklinik Heidelberg. Laura litt an einer den Ärzten unerklärlichen Arzneimittelallergie. Jedes Medikament, das zur Genesung ihrer beständigen und über Jahre dauernden Unterleibsbeschwerden beitrug, rief sogleich gefährliche und nicht zu vertretende Reaktionen hervor; es mußte wieder abgesetzt werden. Laura ahnte nicht, daß ihre Unverträglichkeit Folge eines Banns war, den die Satanisten über sie gesprochen hatten. Erst während ihres Aufenthaltes in der Psychosomatischen Klinik wird sie sich an diese Begebenheit erinnern, bis dahin aber würden mehr als zwei Jahre vergehen.

Wer war Laura G. zum Zeitpunkt ihres Klinikaufenthaltes?

Laura G. war eine junge, hübsche Frau, die eine Tochter von acht Jahren besaß, die aus ihrer zwei Jahre dauernden Ehe hervorgegangen war. Trotz ihres schwer geschädigten Unterleibes hatte sie das Kind mit achtzehn Jahren zur Welt gebracht. Laura zeigte stets ein offenes, fröhliches Wesen, sie wurde gemocht und war gern gesehen. Was niemand wußte: In ihr sah es ganz anders aus. Seit Jahren litt sie an unerträglichen Schmerzen. Sie wurde von Angstzuständen geplagt, die sich bis zur Panik steigern konnten.
Tiefe Einsamkeit sowie ein übersteigertes Mißtrauen anderen Menschen gegenüber ließen sie immer wieder zu Suchtmitteln aller Art greifen. Auf diese Art und Weise entkam sie sich, ihrer inneren Angst und Zerrissenheit, auf diese Weise machte sie sich für die Umwelt zu einem wohlgelittenen Menschen, mit dem man trotz auffälliger Launen gern

zusammen war. Dann kam der Tag, an dem sie sich erstmals erinnerte. Mit diesem Tag begann ihr Sturz. Es war ein Sturz in tiefste Finsternis.

Beginn der Finsternis

Laura ist schockiert. Sie kann nicht glauben, daß sie mißbraucht worden ist, daß ihrem Körper so Schreckliches widerfuhr. Dennoch weiß sie, daß mit diesem Moment ihres Lebens die Identifikation ihrer zeitweiligen Sucht, ihrer Hyperaktivität, ihres inneren Schmerzes begonnen hat. Daß ihre Erinnerung dabei »nur« die ersten, frühkindlichen Mißbrauchserfahrungen durch ihre Eltern preisgibt – die der Stufe I, wie sie es selber bezeichnet –, ahnt sie nicht. Mehr als ein Jahr wird es dauern, bis sie erkennt, daß sich die Tragödie ihrer Kindheit zu einer Katastrophe ausweitet, der sie sich nicht entziehen kann. Während die Rückblenden der Stufe I große Erholungspausen zulassen, in denen Laura sich durch Gespräche mit ihrer Therapeutin und einigen wenigen Frauen aus ihrem Bekanntenkreis stabilisieren kann, verringern sich die Abstände ihrer Erinnerungen in Stufe II deutlich. Laura beginnt sich zurückzuziehen, will keinen Kontakt zu anderen Menschen. Sie verfällt in Trauer, in schwere Grübelei. Im letzten Stadium ihrer Erinnerungen – dem der Stufe III – treten die Rückblenden ihres erlebten Satanismus zutage. Diese Erinnerungen erfolgen explosionsartig und so dicht aufeinander, daß keine Ruhepause möglich ist und Laura an den Rand des Wahnsinns gerät. Eine seelische Erstarrung setzt ein, ein körperlicher Verfall. Für niemanden ist Laura mehr erreichbar, nicht einmal für ihren Verlobten, mit dem sie die Wohnung teilt, nicht für ihre kleine Tochter. In diesem kritischen Zustand überweist sie ihre Therapeutin in eine Psychosomatische Klinik. Dort stuft man sie aufgrund ihrer traumatischen Erinnerungen wie den vorher sichtbar werdenden körperlichen Begleiterscheinungen (es erscheinen Striemen, Narben, Zigaretten- und Feuerbrandmale noch einmal, um dann für immer zu verschwinden) als Folteropfer ein.

Was verbirgt sich hinter rituellem Mißbrauch?

Ritueller Mißbrauch muß nicht unbedingt mit Satanskulten in Verbindung gebracht werden. Er hat seinen Platz auch in teufelsfernen Sekten und fanatischen Zirkeln.

Im Fall Lauras handelt es sich jedoch ausschließlich um jene Form des Mißbrauchs, der Bestandteil satanischer Messen ist und schwerste körperliche, psychische wie sexuelle Mißhandlung beinhaltet. Beide Elternteile Lauras gehörten einem satanischen Zirkel an, der höchst perverse und extrem schmerzhafte Folter- und Einschüchterungsmethoden anwandte, um das Kind Laura zum Schweigen anzuhalten und es zu beherrschen. Es war Laura nie möglich, ihre erlittenen Qualen jemandem mitzuteilen und Hilfe zu erbitten. Die Furcht vor der Gruppe, vor ihren Eltern, vor den angedrohten Strafen, die ihren Tod mit einschlossen, war unermeßlich. Das Kind kannte die Qual der Streckfolter, es wurde der magischen Chirurgie unterzogen, die mit Stromschocks arbeitet und an deren Folgen Laura heute noch zu tragen hat. Es wurde für Stunden an ein Kreuz gebunden und während schwarzer Messen mit dem Kopf nach unten aufgehängt, und man schnürte es in Lederkorsetts, die den Genitalbereich beengten, so daß unerträgliche Schmerzen entstanden.

Vielen Lesern mag das unfaßbar und unglaubhaft erscheinen. Doch das Geschilderte entspricht traurigerweise dem wahren Geschehen. Laura G. geht davon aus, daß sämtliche

Mitglieder dieser Satanssekte – ihre Eltern mit einbeschlossen – extrem sadistisch und pervers veranlagt sind. Viele der heutigen satanischen Gruppierungen pflegen ausschließlich eigens von ihnen selbst aufgestellte Riten und Gebräuche. Sie tun nur das, was ihren Neigungen im Zusammenhang mit ihren Teufelsanbetungen am nächsten kommt. So wird es sich auch in jenem Satanszirkel verhalten haben, dem Lauras Eltern zugehörten.

Als Vater des modernen Satanismus betrachtet man den Magier Aleister Crowly (1875 – 1947). Er prägte seinerzeit den folgenschweren Satz: »Tu, was du willst – das ist das Gesetz.«

Diese Worte hat sich der moderne Satanismus in jeder Hinsicht zum Leitsatz seines Handelns gemacht. Daher beinhalten viele Satansrituale schwerste körperliche Mißhandlung, psychischen und sexuellen Mißbrauch. Alle diese qualvollen Praktiken dienen beinahe ausschließlich dazu, die Opfer – häufig Kinder im Alter ab vier Jahren – mit satanischen Glaubensvorstellungen zu indoktrinieren: Satan ist mächtig, Satan ist der König der Welt.

Es gilt als sicher, daß während einer Messe, die der Teufelsanbetung dient, Blutopfer dargebracht werden. Dabei handelt es sich entweder um ein zu tötendes Tier oder um einen oder auch mehrere Menschen. Im Rahmen des Rituals müssen diese Auserwählten auf einem Opferstein ihr Leben lassen. Häufig werden ein oder mehrere Babys, eben geboren oder nur wenige Monate alt, zu Ehren Satans geopfert. Ihr Blut gilt als ganz besonders rein und ist sehr begehrt unter den Teufelsbrüdern. Das Blut wird nach der Tötung in einer hierfür geweihten Messingschale aufgefangen. Später wird es dann zu Ehren Satans aus einem besonderen Kelch getrunken, der von Hand zu Hand gereicht wird.

Es heißt, daß mit dem Trinken dieses Blutes satanische Energie aufgenommen wird, die den Teufelsanbeter in höchstem

Maß stärken und ihm Kraft und Macht verleihen soll. Reine Lebensenergie spricht man dem Herz des dargebrachten Blutopfers zu, das im Rahmen des Rituals aufgeteilt und verspeist wird. Im Sinne von Weihwasser wird Urin versprüht, der aus satanischer Sicht etwas Besonderes ist und Huldigung verdient, statt Ekel zu erregen. Zu ihrem geweihten Altar gehört außer dem Opferstein und dem üblichen Tisch mit vier Kerzen – an jeder Ecke ist eine aufgestellt – ein besonderes Lesepult. So jedenfalls in dem Satansbund der Eltern Lauras! Auf ihm liegt das sogenannte »Magic Book«, die Schrift der Teufelsanbeter, aus der späterhin vorgelesen wird.

Unerläßlich für die Zelebration einer schwarzen Messe ist das Pentagramm, der fünfgezackte Stern, der erkennbares Symbol aller Satanisten ist. Mit den jeweils entsprechenden Zeichen versehen, zieht er bestimmte Kräfte und Mächte an, die etwas bewirken sollen. Kette, Dolch und Geißel sind ebenfalls feste Bestandteile satanischer Messen, auch ihnen wird symbolhafte Bedeutung zugesprochen. (Wer sich für detaillierte Einzelheiten des Satanismus interessiert, dem empfehle ich das von Josef Dvorak geschriebene Buch »Satanismus«. Auf 445 Seiten beschreibt der Autor bis ins genaueste die Geschichte des Satanismus, dessen Einflüsse aus verschiedenen Kulturen und die Formen, in denen er damals gelebt wurde und in denen er heute praktiziert wird.) Was die Kleidung betrifft, die die Teufelsanbeter während ihrer Zelebration tragen, so werden Kutten angelegt (häufig über Lederkorsagen), die mit Kapuzen versehen sind, die das Gesicht verbergen. Weder der Hohepriester noch die Mitglieder eines satanischen Zirkels können es sich leisten, von einem ihrer Opfer erkannt zu werden. Hin und wieder ersetzen Masken die Kapuzen, sie erfüllen den gleichen Zweck. Das Gewand des Hohenpriesters unterscheidet sich durch Farbe und besonderen Schmuck von den Kutten der übrigen Mitglieder. Als Schmuck werden Federn, Metall oder Stickerei bevorzugt, denen symbolische Bedeutung zugrunde liegt.

Was die körperliche Mißhandlung anbetrifft, so weiß man, daß sie massiv und äußerst schmerzhaft ist. Es wird mit folterähnlichen Methoden gearbeitet. Die Opfer werden gestreckt, verkehrt herum aufgehängt oder anderweitig gequält, zum Beispiel durch die magische Chirurgie. Es werden Nadeln mehrfach unter Fuß- oder Fingernägel geschoben und unter Strom gesetzt, desgleichen verfährt man mit dem Genitalbereich. In dem Satansbund der Eltern Lauras wurde hin und wieder bis zur Tötung gefoltert. Ein Abtrünniger wurde vor den Augen der anderen getötet und anschließend gehäutet. Dieses grausame Tun diente allein der Abschreckung; ein Mitglied wurde auf solche Weise davor gewarnt, den Satanskreis zu verlassen.

Der psychische Mißbrauch wirkt ausnahmslos zerstörend auf das Opfer. Er beinhaltet Techniken zur Bewußtseinskontrolle, was bedeutet, daß dem Opfer zum Beispiel unter Hypnose oder durch Eingabe bewußtseinsverändernder Drogen abgrundtiefe Furcht vor den Mitgliedern einer Gruppe suggeriert wird. Aufgrund dieser Furcht ist das Opfer unfähig, sich irgend jemandem anzuvertrauen oder Hilfe zu erbitten. Es ist ihm nicht möglich, das von den Satanisten geforderte Schweigen zu brechen und dem Kreis zu entkommen. Nur in sehr seltenen Fällen gelang einem Opfer die Flucht aus einem Satanszirkel, was nach sich zog, daß es sich – wenn keine Hilfe von außen möglich war – verborgen halten mußte, um sein Leben in irgendeiner Form zu sichern. Furcht und Schweigen einflößen sollen auch die bereits erwähnten Einschüchterungspraktiken, bei denen dem Opfer suggeriert wird, überall und zu jeder Stunde würde es von einem ihm persönlich zugedachten Wächter nicht sichtbar begleitet und überwacht. Es wird ihm eingeschärft, man tötete es oder eine andere nahestehende Person (oder ein Haustier), sobald es etwas von seinem Wissen an andere, nicht dem Kreis angehörende Personen weitergeben würde. So leben diese Opfer/Kinder in beständiger Angst und sind nicht in der Lage, sich auf irgendeine Weise zu äußern und sich gegen ihre Peiniger zur Wehr zu setzen.

Der sexuelle Mißbrauch während satanischer Messen ist oft qualvoll und für das Opfer in höchstem Maß erniedrigend. Es ist für die Kultmitglieder die bevorzugte Art, absolute Herrschaft über das Opfer zu erlangen. Zur Penetration von Körperöffnungen wird das Kruzifix oder ein sogenannter Zauberstab verwendet. Von intensivem Streicheln, das über einen längeren Zeitraum ausgeführt, zur Folter werden kann, führen die sexualmagischen Riten über Kopulation, Vergewaltigung bis hin zur Sodomie (Unzucht mit Tieren). Sie finden stets auf dem Altar statt und werden begleitet von monotonen Gesängen, von leisem Getrommel oder anderen rhythmischen Geräuschen, die bewußt zur Ekstase des Ausführenden beitragen sollen. Bevor ein solches Sexualritual beginnt, werden die Opfer, schon nackt auf dem Altar liegend, mit Blut des dargebrachten Blutopfers gezeichnet. Erst dann erfolgt der eigentliche Akt.

Satanische Messen finden immer an geheimen Orten statt. Abgelegene Häuser, ungenutzte Keller oder einsame Bauten sind die bevorzugten Räumlichkeiten der Teufelsanbeter. Hier können sie ungestört ihrem Treiben nachgehen. Beliebt sind auch Kirchen um Mitternacht, sofern eines der Mitglieder Zugang zu einer solchen hat. (Zu dem satanischen Zirkel, dem Lauras Eltern angehörten, zählte etwa der Organist der heimischen Kirche.) Neben den Zelebrationen einer schwarzen Messe werden Geister beschworen, es wird die Macht Satans angebetet und verherrlicht und um seine Kraft gefleht. Abgesehen von diesen von allen Satanisten gepflegten Gebräuchen hat fast jeder Teufelsbund seine eigenen Regeln und Vorstellungen, die den Ablauf schwarzer Messen bestimmen. Abschließend gebe ich den Text eines Gesanges wieder, der während der Teufelsanbetung gesungen wurde, die im Kreis von Lauras Eltern abgehalten wurde.

> *Dies ist die Nacht des Todes,*
> *der Opfer und der Gaben.*
> *Dies ist die Nacht des Blutes,*
> *der Satan wird sich laben.*
> *Wir schenken ihm ein Kind,*
> *von denen, die hier sind,*
> *ist eines auserkoren*
> *und nur für ihn geboren.*
> *Die Speis' ist Fleisch und Blut,*
> *die Knochen in die Glut.*
> *Der Herr wird heute kommen,*
> *die Schmach ist uns genommen.*
> *Er wird uns alles geben,*
> *für unser reiches Leben,*
> *als innigsten Beweis,*
> *bezahlen wir den Preis*
> *der Opfer und der Gaben.*
> *Wir können alles haben!*
> *Wir rufen Dich, o Herr!*
> *Das Warten wird uns schwer,*
> *jetzt komme schnell herbei,*
> *es sind der Kinder drei.*
> *Der Tisch ist reich gedeckt,*
> *das Opfer ist vollstreckt.*

Die Dissoziation

Wenn Kinder solchen körperlichen Qualen ausgesetzt sind, wie wir sie beschrieben lesen konnten, so bleibt ihnen nur eine Möglichkeit des Rückzugs, nämlich die der Dissoziation, was soviel wie Abspaltung vom Bewußtsein bedeutet. In den meisten Fällen entwickeln die Opfer neue Teile in sich, die als eigene Persönlichkeiten bezeichnet werden können und die anstelle der Ursprungspersönlichkeit auf die Mißhandlungen und sexuellen Übergriffe reagieren. Sie dienen als Schutzmechanismen, denn der Mißbrauch und die Mißhandlungen werden nun von ihnen erlitten und nicht mehr von der Ursprungspersönlichkeit. Durch Abdrängen in das Unterbewußte entsteht eine Amnesie, die das Opfer davor schützt, sich der qualvollen und nicht auszuhaltenden Situationen zu entsinnen und immer wieder neu zu durchleben. Oft dauert es Jahre bis Jahrzehnte (manchmal geschieht es nie), bis diese Teile durch bestimmte Reizauslöser aktiviert und an die Oberfläche gespült werden.

Während ihres Aufenthaltes in der Psychosomatischen Klinik erkennt Laura, daß sie von fünf Hauptteilen/Persönlichkeiten bewohnt wird, die abwechselnd zutage treten. Nebenher existieren noch andere Erlebensteile, die jedoch nur sehr selten und sehr flüchtig in Erscheinung treten. Scheinbar haben sie noch nicht begriffen, daß die drohende Gefahr lange und für immer vorüber ist.

Wer waren nun diese fünf Hauptteile/Persönlichkeiten?

1) Das Kind
2) Lissi
3) Marta
4) Law, die Richterin
5) Queeny, die Alltagspersönlichkeit.

Das Kind: war jene Persönlichkeit, die den frühkindlichen Mißbrauch durch den Vater erlitt; durch jenen Menschen, dem die kleine Laura vertraute und den sie liebte. Da die sexuellen Übergriffe in den meisten Fällen mit Schmerzen verbunden waren, mußten diese Erfahrungen abgespalten

16

werden, damit der geliebte Vater nicht zum dauerhaften Feindbild wurde.

Lissi: wurde von Laura erschaffen, als der Mißbrauch sich ausweitete; als Fremde und Mitglieder pädophiler Vereine, an die ihre Eltern sie vermieteten, sich an ihr vergingen.

Marta: Mit Beginn der satanischen Mißhandlungen entwikkelte Laura diesen Persönlichkeitsanteil. Sobald sie Opfer eines Satanskultes wurde, übernahm Marta das unerträgliche Erleben.

Die Alltagspersönlichkeit: hatte die Funktion, das tägliche Leben mit allen anfallenden Pflichten und Aufgaben zu meistern. Ob in der Schule oder sonstwo, immer war dieser Persönlichkeitsanteil präsent, außer zu Zeiten, wo Mißbrauch stattfand.

Die Richterin: übte Kontrolle über alle Persönlichkeitsanteile aus. Sie strafte, sobald ein Anteil zu versagen drohte. Dieser Gefahr war zur Hauptsache die Alltagspersönlichkeit ausgesetzt.

In der Klinik lernte Laura, diese Persönlichkeitsanteile in sich zu erkennen, sie zu integrieren und mit ihnen zu kommunizieren, was für ihre gesundheitliche Besserung unumgänglich war. Im Laufe der Zeit schaffte sie sich eine neue Lebensgrundlage, die erforderlich war, um eine gewisse psychische Stabilität zu erreichen. Es galt für Laura, gänzlich von vorn zu beginnen, mit allem, was ihr Unterbewußtsein zutage gebracht hatte. Der Mensch, der sie früher zu sein glaubte, war sie nicht mehr, der war sie auch nie gewesen. Sie mußte sich vollkommen neu kennenlernen und annehmen. Es gelang ihr.

Trotzdem sie weiß, daß die irreparablen Schäden, die ihre Seele wie ihr Körper durch die Mißhandlungen davongetragen haben, nie überwunden werden können, ist sie heute ein Mensch voller Hoffnung und Lebensmut. In ihrem täglichen Leben beweist Laura Stärke und Pflichtbewußtsein, was nach einem derartigen Kindheitstrauma nicht immer erwartet werden darf. Laura hofft, daß ihre Erinnerungen eines Tages an Intensität verlieren, vielleicht sogar ganz verblassen. Wie sie auch hofft, daß die folgenschweren Bannsprüche der Satanisten eines Tages ihre Macht verloren haben werden.

»Mit jedem Tag wird alles besser.«

Diese Worte sagt sie sich jeden neuen Morgen, sie prägen Lauras Tag, sie prägen ihr Leben.

Wer prägte Laura G.s Kindheit?

Der Vater: Hans Leiften war ein schmächtiger, stets kränkelnder Mann. Nach außen hin gab er sich als still, bescheiden und hilfsbereit, immer wurde er als ordentlicher, pflichtbewußter Bürger bezeichnet. Niemand ahnte, daß sein Innerstes zerrissen war von übersteigerter Versagensangst und einem starken Minderwertigkeitsgefühl. Der Grundstein hierfür wurde in seiner Kindheit gelegt. Seine Eltern zollten ihm keinerlei Aufmerksamkeit, er kannte weder Anerkennung noch elterliche Zuneigung. Sie vernachlässigten den schmächtigen Jungen, er wurde gescholten und geschlagen. Wie seine älteren Brüder, so wurde auch Hans vom Vater sexuell mißbraucht. Die Übergriffe erfolgten jedoch weniger häufig und weniger massiv als bei den beiden anderen Söhnen.

Äußerlich war Hans Leiften durchaus ein Mann von angenehmem Aussehen. Er war blond und sehr helläugig, sein Gesicht zeigte weiche Züge, die von einem breiten, sinnlichen Mund unterstrichen wurden. Von Beruf war Hans Leiften gelernter Schneider. Er arbeitete in einem kleinen Betrieb, der Maßschneiderei anbot. Wegen häufiger Erkran-

18

kungen, die in den meisten Fällen psychischen Ursprungs waren, entließ man ihn schließlich. Später fand er Arbeit als Pförtner in einer kleinen Fabrik. Das trug ihm die Verachtung seiner Frau ein. Sie liebte ihren Mann schon lange nicht mehr. Der Zusammenhalt dieser Ehe basierte zur Hauptsache auf dem gemeinsamen Interesse, die eigenen Kinder sexuell zu mißbrauchen. Mit Beginn seiner geringen Arbeit wurde Hans Leiften von seiner Frau beschimpft und verspottet. Er wurde Opfer ihrer beständigen Nörgeleien; Opfer ihrer Herrschsucht war er längst schon geworden. Sie beklagte sein sexuelles Versagen, nannte ihn einen Schwächling und Nichtsnutz. Seine angestauten Aggressionen entlud Hans Leiften, indem er sich regelmäßig an seiner kleinen Tochter verging.

Bei seinem »kleinen Mädchen« war er allein der Starke. Er wurde geliebt und geachtet, es vertraute ihm. So behandelte er Laura überaus zärtlich, machte ihr hin und wieder besondere Geschenke. Es war *sein* Kind, wie der Sohn das Kind der Mutter war. Die Eltern hatten die Kinder unter sich aufgeteilt, vom ersten Moment an.

Als Laura neun Jahre alt war, trat Hans Leiften einem Satansbund bei. Sein Verhalten änderte sich; in Abständen wurde er gewalttätig. Seine Anfälligkeit für Krankheit wuchs, er wurde depressiv. Als Laura vierzehn Jahre alt war, nahm er sich das Leben. An einem Baum erhängte er sich. Laura trauerte tief. Sie dachte nur im Guten an ihren Vater, seine Gewalttätigkeiten hatte sie verdrängt. So bewahrte sie sich stets ein heiles Bild von ihrem Vater. Bis ihre Erinnerungen einsetzten und sie die Wahrheit kennenlernte.

Die Mutter: Edith Leiften, geb. Kaupke, war eine stämmige Frau von kleinem Wuchs. Sie versäumte es nie, sich grell zu schminken, das Haar zu blondieren und sich in eine Wolke süßen Parfüms zu hüllen. Sie war Angestellte in einem

Lohnbüro, später, als ihr Sohn Finch geboren war, arbeitete sie halbtags in einer Wäscherei. Im Berufsleben galt sie als äußerst zuverlässig und pflichtbewußt. Im Umgang mit anderen war sie zurückhaltend freundlich. Zu Hause wandelte sich ihr Wesen. In extremer Form lebte sie ihre Herrschsucht, ihr Machtbedürfnis sowie ihren Egoismus aus. Sie mißachtet ihren Mann, macht ihm bei jeder Gelegenheit sein sexuelles Versagen zum Vorwurf, erniedrigt ihn durch Spöttelei. Zu Laura entwickelt sie – im Gegensatz zu dem vier Jahre später geborenen Sohn – kein emotionales Verhältnis. Sie schlägt ihre kleine Tochter häufig, schilt und straft sie. Schon früh zwingt sie das Kind zu sexuellen Diensten. Sie selbst hat es nicht anders gelernt. Ihr leiblicher Vater verstarb, als sie ein Jahr alt war. Die Mutter heiratete kurz darauf ein zweites Mal; ihre Wahl fiel bewußt auf einen Mann, der sexuell auf kleine Mädchen fixiert war. Da sie selbst lesbische Tendenzen aufwies und an einem intimen Eheleben kein Interesse hatte, konnte der Stiefvater ungehindert seiner Veranlagung nachgehen. Er beginnt die damals zweijährige Edith zu mißbrauchen. Bis sie acht Jahre alt ist, setzt sich der Mißbrauch fort, danach wird das Kind Opfer der Mutter.

Als Laura neun Jahre alt ist, tritt die Mutter einem Satanskult bei. Kurz darauf wird auch der Vater Mitglied des Teufelsbundes. Hier nun kann Edith Leiften ihre extrem sadistisch-perversen Neigungen ausleben. Wenig später wird ihre kleine Tochter mit Einverständnis beider Eltern Opfer satanischer Rituale. (Ob der Sohn ebenfalls Opfer dieser Messen wurde, ist nicht bekannt.) Als treibende Kraft aller sexuellen Mißbräuche kann die Mutter betrachtet werden.

Der Bruder: Finch wurde geboren, als Laura vier Jahre alt war. Von Anfang an nahm die Mutter den Jungen für sich in Anspruch. Immer war er in ihrer Nähe, nie ließ sie ihn aus den Augen. Finch war ein zarter, stets kränkelnder Junge, der schon früh die sexuellen Übergriffe seiner Mutter über sich ergehen lassen mußte. Fast immer lag er in ihrem Bett, sie benutzte den kleinen Sohn als Spielzeug ihrer sexuellen Perversität. Schon früh trug der Junge Schäden davon. Nie lachte er, nie spielte er. Er litt an auffallender Blässe und war introvertiert, ging nicht aus sich heraus. Mit seiner Schwester durfte er nicht spielen, so fand er keinen Zugang zu ihr. Die Kinder blieben sich fremd, sie gingen getrennte Wege. Laura war das Vaterkind, der Sohn gehörte allein der Mutter. So hielt es sich die ganze Kindheit hindurch. Später verloren sich die Geschwister aus den Augen; was jeder machte, wo man abgeblieben war, wußten sie nicht. Sie fragten auch nicht danach, sie vermißten einander nicht. Sie waren und blieben sich fremd.

Die Großmutter: Von ihr, wie von allen Verwandten, die Laura erinnert, gibt es nicht viel zu sagen. Sie war eine unscheinbare Frau auf den ersten Blick hin, zurückhaltend und schweigsam verhielt sie sich jedem Fremden gegenüber. Daß sie ein Mensch mit sadomasochistischen Tendenzen war, ahnte niemand. Zurückgezogen wohnte sie mit ihrem zweiten Mann am Rande eines kleinen Dorfes. Hier lebte sie ungestört ihre Veranlagung aus. Sie war lesbisch, pflegte Verbindung mit gleichgearteten Frauen, begann die eigene Tochter zu mißbrauchen, als diese eben acht Jahre alt war. In ihrem Haus befand sich eine Kammer, in der sie Gegenstände verwahrte, die für sadomasochistische Praktiken unerläßlich waren. Trotz der massiven sexuellen Übergriffe, die die Tochter von seiten ihrer Mutter erdulden mußte, brach der Kontakt später nicht ab. Man sah sich bei familiären Treffen, ging hier seinen Neigungen nach, gab die Veranlagung an die Kinder weiter.

Der Stiefgroßvater: war ein grobschlächtiger, derber Mann mit der krankhaften Neigung, kleine Mädchen, und nur die, sexuell zu mißbrauchen. Inwiefern er die sadomasochistische Veranlagung seiner Frau teilte oder mit ihr auslebte, ist nicht bekannt. Fest steht, daß er seine Enkelin über mehrere Jahre hinweg schwer mißbrauchte und daß er Kontakt zu Pädophilenvereinen hatte, die Laura später zu ihrem Opfer machten.

Die übrigen Verwandten: Die Brüder des Vaters verkehrten wenig im Haus der Leiftens. Das änderte sich, als Laura von ihren Eltern an Pädophile vermietet wurde, die im Zusammenhang mit dem Mißbrauch pornographische Filme drehten. Diese Filme sah man sich später im Familienkreis an. Übertriebene und gestörte Sexualität war das Bindeglied, das die Familie über Jahre hinweg zusammenhielt. Ausgenommen Laura, die im Alter von fünfzehn Jahren das Elternhaus für immer verließ und den Kontakt zu der Mutter wie den Verwandten für immer abbrach.

Die Nachbarn: Jenseits des Wäldchens, das das Leiftengrundstück von der Siedlung trennte, wohnten die Nagels. Ernst und Mine Nagel betrieben eine kleine Gärtnerei. Beide zeigten die gleichen Neigungen wie die Leiftens. Sie mißbrauchten ihre Tochter Ilse und vermieteten das Mädchen, das zwei Jahre älter als Laura war, an den Pädophilenverein, zu dem die Leiftens Kontakt hielten. Aus diesem Grund schon pflegte man gute Nachbarschaft. Da die Nagels regelmäßig zu Besuch kamen und bis in die späte Nacht blieben, wobei aus dem Schlafzimmer der Leiftens Stimmen und Geräusche drangen, geht Laura davon aus, daß die beiden Paare miteinander Sex betrieben. Ernst Nagel schien in Lauras Augen brutal, er vergewaltigte seine Tochter nicht nur zu Hause, sondern ließ sich mit ihr zusammen auch auf pornographischen Filmstreifen festhalten. Äußerlich war er wenig ansprechend. Er war dick, unter buschigen Brauen blickten einem kleine ausdruckslose Augen entgegen. Er litt unter hohem Blutdruck, weswegen seine Gesichtsfarbe immer gerötet blieb. Seine Stimme war laut. Wie seine Frau lachte Ernst Nagel viel und unangenehm. Die Gärtnerei wurde allgemein als schlechtgehend bezeichnet, die meisten Kunden blieben nach der ersten Begegnung mit einem der Nagels fern, beide müssen einen unsympathischen Eindruck hinterlassen haben, sobald sie mit anderen Menschen in Kontakt kamen.

Die Freunde: Das einzige Ehepaar, das die Leiftens als ihre Freunde bezeichneten und mit dem sie viel zusammen waren, war das Ehepaar Ecke und Dora Lau. Auch diese Verbindung basierte zur Hauptsache auf gemeinsamen sexuellen Interessen. Ecke Lau war Dockarbeiter. Er war ein rauher Kerl, sein Körperwuchs war gedrungen und sehnig, er neigte zu impulsiven Ausbrüchen, war unberechenbar, wenn ihm etwas gegen den Strich ging. Seine Frau Dora hatte die Gewohnheit, sich durch grelles Schminken und auffällige Kleidung aus der Menge hervorzuheben. Dabei war sie keinesfalls hübsch. Ihr Beruf als Kellnerin in einer anrüchigen Kneipe brachte es allerdings mit sich, daß sie so und nicht anders in Erscheinung trat. Auch das Ehepaar Lau besuchte die Leiftens regelmäßig an einem Abend in der Woche, auch sie blieben bis spät in die Nacht zusammen mit den Freunden in deren Schlafzimmer. Laura geht davon aus, daß auch in diesem Fall Sex und Partnertausch stattfanden.

Der Hausarzt: Dr. Meier-Kagel war ein glatzköpfiger Mann mittleren Alters. Es hieß, er sei freundlich. Dem Kind Laura gegenüber verhielt er sich jedoch wenig mitfühlend, er behandelte es unsanft, oft grob. Laura fürchtete sich vor diesem Mann, in ihren Augen hatte er etwas Verschlagenes, Durchtriebenes an sich. Sie vermutet, daß er dem Teufelsbund ihrer Eltern angehörte, dessen Mitglieder Masken trugen, so daß nicht erkennbar war, wer sich dahinter verbarg. Laura traute ihm nie. Sie hatte unbeschreibliche Angst vor dem Arzt, der später, als sie bereits Opfer satanischer Messen war, sichtbare Verletzungen übersah und Rötungen im Genitalbereich ignorierte, sofern er deren ansichtig wurde. Er suggerierte dem Kind, das oft krank war, es sei böse, nur deshalb sei es so oft und so schwer krank. Es müsse seinen schwachen Gesundheitszustand als Strafe betrachten, die unartige Kinder erwartet (von wem auch immer).

Der Arzt war stets auf der Seite der Mutter, die nie fehlte, wenn ein Besuch bei ihm notwendig wurde. Beide zusammen bedeuteten abgrundtiefe Bedrohung für das Kind. Während einer seiner Konsultationen – es hatte gerade eine Blinddarmoperation hinter sich – fügte der Arzt ihm folterartige Schmerzen zu, die an magische Chirurgie erinnerten. Auch aus diesem Grund unterstellt Laura dem Doktor, Mitglied des Teufelsbundes gewesen zu sein. Der Arzt ist später mehrfach umgezogen, ohne eine Praxis zu betreiben.

Etwas zum Schluß

Es mag sein, daß die Schilderungen der sexuellen Übergriffe, die das noch kleine Mädchen Laura durch ihren Vater erfuhr, dem einen oder anderen Leser als zu poetisch beschrieben erscheinen. Dennoch entspricht die Wiedergabe den Vorstellungen der Betroffenen, die sich als ein sehr stilles, in sich versponnenes Kind bezeichnet, das nichts besaß als eine selbsterschaffene, in der Phantasie pulsierende Zauberwelt. Dorthinein verkroch sich die kleine Laura, floh in sie zur Stunde der Gefahr.

24

Es sei noch erwähnt, daß Lauras Rückblenden mit einem sogenannten »Vorläufer« begannen; einem Bild, das sie überallhin verfolgte, bis es sich nach Tagen der inneren Spannung entlud und zu einem vollständigen Film wurde. In allen Einzelheiten spiegelte er wider, was sich zu einer bestimmten Zeit, zu einer bestimmten Stunde ihrer Kindheit ereignet hatte. Lediglich die erste Erinnerung brach unvorhergesehen aus ihr heraus und zeigte nicht mehr als bruchstückhafte Bilder, die es zu identifizieren und anzunehmen galt. Begleiten wir Laura zurück in ihre Kindheit, beginnen wir bei jenem bedeutsamen Moment ihres Lebens, der so viel nach sich ziehen sollte.

Erster Teil

Die erste Erinnerung: Freitag, 13. Dezember 1991, Hautklinik Heidelberg. Tiefer Winter. Tiefe Einsamkeit, innere
Unruhe, Angst bis zu Panikanfällen. Schließlich der Zusammenbruch, in mir eine kindliche Stimme, verzweifelt schreit
sie um Hilfe.

Mama Mama   nicht   tut weh   ich große Angst   will nicht
ich   in Küche gezerrt   Herz jagt   Knie zittern   ich mich
wehre gegen Mutter   gegen fremden Mann   ich trete   ich
schlage   ich hasse meine Mutter   Angst vor Händen   naß
rutschig   fassen mich an   tut weh   ich schreie   Mutter
Schläge   Stock   Blut   ich stürze   mir schlecht   heben mich
auf Sofa   will nicht   schreie   Schlag am Kopf   alles schwarz
später   Mann auf mir   Vater?   nein   fremder Mann   mein
Vater gut   ich will nicht   schreie   im Bauch Feuer   zwischen
Beine Feuer   es brennt   ich will nicht   Mutter kommt
Essigwasser   droht   schimpft   ich vergessen was war   Vater
da   fremder Mann   Mutter wäscht sauber   zwischen Beine
wieder Feuer im Bauch   kalte böse Finger   ich schreie
Fremdes im Bauch   ich weine   will tot sein   Mutter quält
Augen gucken zu   von Vater   ich Hilfe   Vater guckt   wieder
Mann auf mir   du acht   du fein   ich will nicht   schreie
Schlag   alles schwarz   später Mutter   warmes Öl   Bauch
einreiben   zwischen Beine reiben   schreckliche Finger   ich
wehren   Schlag auf Kopf   quält weiter   ich weine   schwarz
schwarz   schwarz ...

26

Drei Monate Entsetzen, Weinen, Ablehnung. Abwehr gegen Erinnertes, den Mißbrauch mit acht Jahren. Dann schließlich Begreifen. Annehmen, was geschehen war. Es gab kein Entrinnen. Vergangenes ließ sich nicht leugnen. Längst war das nicht alles. Das spürte ich. Das große, dunkle Geheimnis, das Kindheit hieß, drängte gelüftet zu werden. Es gab kein Zurück. Ich war bereit. Mein Sturz in die Tiefe begann.

Das Haus meiner Eltern stand einsam. Am Rande einer mittleren Kleinstadt gelegen, befand es sich unweit der holländischen Grenze, unweit der Nordsee, wo mein Vater mit mir baden ging, mit mir Boot fuhr. Blumenlos war unser Garten, licht das Wäldchen, das uns von Gärtnerei und Siedlung trennte. Unser Haus wirkte düster. Geschwärztes Holz die Fassade, ein brüchiges Dach aus Ried, in dem zum Sommer hin die Schwalben nisteten. Noch heute klingt mir ihr Geschwätz in den Ohren, noch heute sehe ich sie hocken, aufgereiht auf dem Gartentor, das immer verschlossen blieb, Besuchern den Einlaß verwehrte, mir die Freiheit.
Manchmal entfloh ich dem Garten. Kroch durch einen Spalt im Tor. Ich war drei, war klein und zierlich, konnte leicht entwischen. An einem Frühlingstag nahm das ein Ende.
Wieder war ich entkommen. Trabte durch das Wäldchen, durch Wind und kühlen Regen. Plötzlich ein Mann. An einem Ast hing er, schwang leise im Wind hin und her. Er war tot. Fürchten tat ich mich nicht. Ich war klein, der Tod war mir nichts Feindliches. Der Mann war mir fremd. Meine Eltern aber kannten ihn; ein Nachbar aus der Siedlung war es. Sie entsetzten sich, verständigten die Polizei. Man durchsuchte die Gegend; ob Mord oder Selbstmord war nicht klar. Meine Mutter strafte mich. Sie zog mir die Ohren lang, bis sie rot waren, wie Feuer brannten und schmerzten. Diese Art von Strafe bevorzugte sie. Mein Vater tröstete mich. »Mein kleines Mädchen, nicht weinen.«

Er war dabei, die Pforte mit Maschendraht zu überspannen, so gab es kein Entrinnen mehr. Später ging er mit mir ins Haus. Den dunklen Flur entlang, der in das Schlafzimmer führte, ins Bad, das grau gekachelt war, wie der Boden des schmucklosen Flures. Er wusch mein Gesicht, reinigte es von Tränen und Schmutz. Sorgsam rieb er es trocken. Dann hob mein Vater mich auf den Arm, ging mit mir ins Schlafzimmer, legte mich sanft auf das Bett. Er selbst streckte sich neben mir aus.

»Mein kleines Mädchen. . .«

Er herzte das Kind, küßte es, streichelte seine Schenkel. Dann rieb er sein Geschlecht an ihm. Still lag das Kind da, rührte sich nicht, ließ alles geschehen. Der Vater war gut zu ihm. Es hatte ihn lieb, vertraute ihm. Er war sein ein und alles.

Die Mutter schlug mit der Faust an die Tür. »Vertrödel nicht die Zeit mit der Kleinen!«

Sie lief in die Küche, schleifte den Mülleimer auf den Flur. Der Vater sollte ihn leeren, sollte ihr zur Hand gehen, statt das Kind zu liebkosen. Er tat es nicht, er blieb. Der Vater war jung, ließ sich nichts sagen von seiner Frau, auch wenn sie ihn unterdrückte, einen Versager nannte.

Die Wut der Mutter stieg. Wieder pochte sie an die Tür.

»Mach Schluß, ich muß da rein!«

Sie wußte genau, was drinnen geschah.

Der Vater erhob sich, zog dem Kind den Schlüpfer hoch, strich ihm über den Lockenkopf.

»Mein kleines Mädchen«, flüsterte er.

Dann trat er vor den Spiegel. Ordnete sein Haar, knöpfte die Hose zu und zupfte den Pullover zurecht. Faßte das Kind bei der Hand.

»Geh spielen, sonst schimpft die Mama noch mehr.«

Mein Vater öffnete die Tür. Ließ meine Mutter ein, mit kaltem Blick maß sie ihn. Er sah mir nach, wie ich langsam davonging, die Treppe hinaufstieg, die zum Dachboden führte. Dort befand sich mein Zimmer; eine kleine Kammer hin zum Garten. Mein Vater nannte sie Schwalbennest, mich seine kleine Schwalbe. Wenn er mich zu Bett brachte, mir einen Kuß gab und mir gute Nacht wünschte. . .

Mir, seiner kleinen Schwalbe.

Ich lauschte, wenn er davonging, verfolgt vom Klopfen meines Herzens, meiner verschwommenen Angst. Nie wußte ich, ob er wiederkam, Dinge tat, die mich quälten. Meine Furcht davor war groß. – Ich liebte meinen Vater! Doch wenn er sich an mir verging, dann wurde er mir zum gefürchteten Feind, zu einer drohenden fremden Gefahr. Ich war zu klein, um ihr zu entkommen. Erst später lernte ich, zu entfliehen. Ich entschwand. An meine Stelle trat eine Fremde, ertrug, was ich nicht ertragen konnte; die schreckliche Angst, die Qual, den Schmerz. War alles vorbei, verkroch sich die Fremde. Dann kehrte ich zurück. Ich wurde wieder zur kleinen Schwalbe, mein Vater zu dem, den ich abgöttisch liebte, zum einzigen Menschen, dem ich vertraute. . .

Meine Mutter hingegen fürchtete ich. Streng war sie, lieblos. Sie strafte mich, schalt mich bei jedem Anlaß. Auch sie begann mich früh zu mißbrauchen, doch anders als mein Vater. Sie quälte mich, zwang mich zu Dingen, die ich nicht mochte, die mich ekelten. So wurde mein erster Gefährte die Angst, sie wurde mein zweiter Schatten. Daß Mißbrauch etwas war, das nicht in meine kindliche Welt gehörte, ahnte ich. Dennoch entkam ich ihm nie. Er wurde Bestandteil meines kleinen Lebens, immer und immer kehrte er wieder. Mein Kindsein war nichts als das!

Ein Sonntag im Herbst: Durch die kahlen Bäume unseres Wäldchens fegte der Wind, wirbelte bunte Blätter auf, trieb sie gegen das Küchenfenster. Wir saßen am Frühstückstisch. Meine Mutter schalt mit mir; ich hatte mir Milch über mein

Kleidchen geschüttet, es war das einzige, das ich besaß. Mein Vater beobachtete die Szene, in seinen Augen lag Mißfallen. Er schwieg jedoch, mit meiner Mutter legte er sich ungern an, ihr Gekeife fürchtete er. Erleichtert atmete er auf, als das Telefon läutete, meine Mutter sich rasch erhob, um hinüber in die Stube zu laufen. Kurz darauf kam sie wieder.

»Oma geht es schlecht«, sagte sie unwirsch.

»Und?« murmelte mein Vater, ohne aufzusehen. Unbeirrt strich er an seinem Brot.

»Sie will, daß wir kommen.«

Mein Vater hob den Kopf. »Weshalb, sie hat doch Piel bei sich.«

»Eben nicht, der ist unterwegs bis morgen.«

Mein Vater schwieg. Langsam schob er sich das Brot in den Mund, begann es zu zermalmen. Sein Blick traf mich, ruhte zärtlich auf mir.

»Fahr du allein, ich habe zu nähen.«

»Du zu nähen am Sonntag, was denn?«

»Der Chef hat mir was mitgegeben.«

Meine Mutter verzog das Gesicht, ein unangenehmes Lächeln entstand.

»Du willst ja bloß allein sein.«

Der Blick meines Vaters verdunkelte sich. »Fahr du, laß mich zufrieden.«

»Na schön, wie du willst.« Meine Mutter band sich die Schürze ab, dann riß sie mich am Ohr. »Paß auf, daß dein Kleid nicht schmutzig wird! Und zieh dir was an, wenn du rausgehst.«

Jetzt war es mein Vater, der böse grinste. »Wenn du der Kleinen nur weh tun kannst.«

»Misch dich nicht ein, das geht dich nichts an!«

Mein Vater sprang auf, er war zornig. »Das Kind ist erst drei, vergiß das nicht!«

Statt seine Worte zu beachten, hob sie hart mein Kinn. »Hast du verstanden?«

Ich nickte ängstlich, vor meiner Mutter hatte ich Furcht. Sie war streng zu mir, bei nichtigen Anlässen strafte sie mich. Ich rutschte vom Stuhl, drängte mich an meinen Vater. Er strich mir über den Lockenkopf. »Wollen wir zwei nachher auf den Jahrmarkt?«

Noch einmal nickte ich, dieses Mal voller Freude.

»Geh spielen, bis ich fertig bin.«

Ich gehorchte, stieg hinauf in meine Kammer. Spielen tat ich nicht. Statt dessen stellte ich mich an das Fenster, wartend und voller Ungeduld. Meine Mutter kam aus dem Haus. Ich beobachtete, wie sie davonfuhr; eine Wolke von Staub wirbelte auf, durchweht von bunten Blättern. Lange stand ich und wartete. Endlich rief mein Vater mich. »Komm runter, mein Kleines!«

Er half mir in den Mantel, faßte mich bei der Hand. So verließen wir das Haus, durchquerten zu Fuß das Wäldchen, die leeren Straßen der Siedlung, steuerten auf den Marktplatz zu. Der Rummel war schon im Gange. Vor den Buden drängten sich Menschen, Kinder johlten und staunten. Wir zwängten uns durch die Menge hin zu einem Karussell. Groß war es und wunderschön bunt. Hölzerne Schwäne, Pferdchen mit Schellen, Autos, die man steuern konnte. Mein Vater setzte mich auf den Schwan. »Meine kleine Wasserprinzessin.« Er gab mir einen Kuß. Dann sah er zu, wie ich langsam davonschwamm. Ohne ein Lächeln war er, ohne ein Winken. Sein Gesicht war seltsam, irgendwie fremd. Erst als mein Schwan zum Stillstand kam und ich aus seinem Gefieder glitt, da lachte mein Vater mir zu.

»Und jetzt mit dir in den Sattel.« Wieder ein Kuß, wieder ein Blick. Kein Lächeln, als ich winkte und lachte, seltsam, wie er so dastand. . .

Dann kaufte er Schokoladenherzen, in rotgestreiftem Silberpapier. »Die gibt es, wenn wir zu Hause sind.«

Plötzlich wurde mein Vater unruhig. Er drängte heim, blieb stumm, wenn ich irgendwas plapperte. Wir machten uns auf den Rückweg. Schon begann es zu dämmern. Im Haus war es still, nichts war zu hören, nur der Wind an den Fensterläden. Ich trabte die steile Stiege hoch, rannte in meine Kammer. Noch ahnte ich nicht, was kommen würde, noch dachte ich, daß wir spielten. Ich versteckte mich unter dem Bett, war so das Häschen, das sich verbarg. . .

Doch dann kam alles ganz anders.

Die Treppe knarrte, mein Vater erschien. Schweigend stand er im Zimmer.

»Wo steckt denn mein Kleines?« murmelte er. Seine Stimme war anders als sonst. Heiser klang sie, sie machte mir angst, kaum, daß ich wagte, zu atmen. Etwas in mir verspürte Gefahr. . .

»Wo, zum Teufel, steckt denn die Kleine?« Die Schritte meines Vaters nähern sich. Noch einmal vernehme ich seine Stimme, doch diesmal lockt sie mich zärtlich. »So komm, meine kleine Schwalbe.«

Ängstlich krieche ich hervor. Schon fühle ich mich emporgehoben. Mein Vater setzt mich auf den Stuhl an der Wand.

»Jetzt kommt der große Ameisenbär.« Er öffnet seine Hose. »Danach gibt es Schokololade.«

Ich sehe zu meinem Vater auf.

»Sei lieb, und streichel den Ameisenbär.«

Ich tue, wonach er verlangt.

»Mein Papa ist lieb, meine Pap ist lieb. . .« So spricht das Kind, als es streichelt. Dann fühlt es sich zurückgedrängt, Hände stoßen den Kopf an die Lehne, öffnen den kleinen Mund. Das Kind erstarrt, es blickt zum Tisch, dorthin, wo die Herzen liegen, in rotgestreiftem Silberpapier. Die Herzen beginnen zu tanzen. Wie auch der Tisch, das ganze Zimmer.

Von irgendwoher dringt hastiges Stöhnen, von irgendwoher ein Vogelschrei, dazwischen kindliches Wimmern. . .

Der Herbst war auch Zeit der Entenjagd. Oft nahm mein Vater mich mit. Doch nicht allein, um zu jagen. . .
Und immer war es das gleiche Spiel. . .
Wir fahren hinaus zum See. Dort, wo das Laub in Flammen steht. Am westlichen Himmel die Nachmittagssonne, umrahmt von gewaltigen Wolkenpferden mit goldgetönter Mähne. . .
Mein Vater ist guter Dinge; offensichtlich freut er sich. Auch ich habe Grund zur Freude. Für mich ist der Herbst eine Zauberwelt. Entenjagd ein Abenteuer, das hohe Schilf am See ein Geheimnis. – Plötzlich verstummt mein Vater. Er schweigt, bleibt seltsam still. Hin und wieder trifft mich sein Blick, die Hände umkrampfen das Steuer des Wagens. Mein Vater ist voller Unruhe. Er tastet mit der Hand nach mir, legt sie auf mein Knie. Ich wende den Kopf zur Sonne hin. – Goldene Wärme, sie will ich. Nicht die Hand meines Vaters! Schon schwenkt er ab und fährt in die Wiesen, stoppt und stellt den Motor aus. Jetzt wischt er sich den Schweiß von der Stirn.
»Zeig dem Papa, wie lieb du ihn hast. . .«
Ich stürze auf ein Wolkenpferd, jage mit ihm in die leuchtende Sonne. »Komm, mein Kleines, auf Papas Schoß.«
Ich halte ängstlich mein Wolkenpferd, stier in die glühende Nachmittagssonne, mag den Vater nicht sehen. Nicht sein Gesicht, die geöffnete Hose, nicht das Geschlecht, das Bedrohung bedeutet.
»Nun komm schon, sei lieb zum Papa.«
Das Kind entflieht auf dem Wolkenpferd, entflieht dem Vater, dem Schmerz. . .
Später. Ich kauer im Schilf. Es umrauscht mich, raschelt geheimnisvoll. Irgendwo tönt ein Entenschrei, ein Schuß,

ich fahre erschrocken zusammen. »Papa, wo bist du?« rufe ich zaghaft.

Plötzlich tauchte mein Vater auf. Sein Gesicht war bleich, Zorn stand in seinen Augen. »Verdammtes blödes Federvieh!« Er griff mich, zerrte mich zu unserem Auto.

»Hast du denn keine Ente geschossen?«

Mein Vater blickte mich abwesend an. »Ente? Nein, wir jagen jetzt Tiere...« Mit finsterem Groll stieg er ein. Ein böses Lachen, mein Vater fuhr an, lenkte den Wagen zurück auf die Straße.

Im blauen Dämmer zwei kleine Kaninchen.

»Siehst du die beiden dämlichen Tiere!« Er jagte wütend drauf zu; ein dumpfer Stoß, wir hielten. Mein Vater sprang aus dem Wagen. Er hob die toten Tiere auf und warf sie auf den Sitz hinter mir, furchtsam sah ich ihm zu. Das Tun meines Vaters ängstigte mich. Sein Zorn ließ ihm keine Ruhe. Er jagte, bis die Nacht anbrach, da erst wurde er friedlich.

»Kaninchen und Rebhuhn als Sonntagsbraten, da kann die Mama nicht meckern.«

Er versuchte ein klägliches Ziegengemecker, stieß mich sacht in die Seite. Ich lachte, verlor meine Furcht.

Noch immer Herbst. Regen rauschte, rann in kleinen Bächen vom Dach, an meinem Fenster entlang hinab zur Erde. Ich saß wie oft in meiner Kammer. Allein mit mir, mit meiner Einsamkeit. Ich fühlte mich verloren, wußte nichts mit mir anzufangen. So saß ich am Tisch, vor meinem Malblock, zog lustlos graue und schwarze Striche. Da hörte ich meinen Vater. Er kam die Treppe herauf, sein Gang war rascher als sonst. Unversehens stand er im Zimmer. Er lächelte mir zu.

»Ich hab meiner Laura was mitgebracht.« Er trat zu mir an den Tisch, stellte einen braunen Karton vor mich hin, ein Band hielt ihn verschlossen.

»Mach auf!«

Ich löste die Schleife, öffnete rasch den Deckel. Staunend entfuhr mir ein »Oh!« Ein kleines Kaninchen sah mir entgegen, beschnupperte meine Hand.

»Das ist für mich?«

»Das ist für dich«, nickte mein Vater und küßte mich. »Wir haben auch einen Stall.« Behutsam schloß er den Karton. »Komm mit.«

Wir brachten es in die Garage. Dort stand ein alter Kaninchenstall, woher er war, das wußte ich nicht. Ich wußte nur, ich war glücklich. Endlich hatte ich etwas für mich, etwas, das lebendig war. Jetzt war ich nicht mehr allein.

Ich spielte von morgens bis abends mit ihm. Dann kam der Tag, den ich nicht vergesse...

Noch immer strömte Regen vom Himmel, schwere Wolken trieben dahin. Kein laues Wehen, kein Sonnenstrahl. Über dem Wäldchen waberte Nebel. Ich saß und horchte ins Haus...

Meine Mutter war unten, sie hetzte umher; geplagt von Unruhe und Rastlosigkeit. Jede Tür schlug sie wütend zu; unentwegt schimpfte und grollte sie. So hielt ich mich von ihr fern. Unvermutet knarrte die Stiege. »Laura, komm runter!« Sie rief mich. Mit unverkennbarem Zorn in der Stimme. Ich war mir keiner Schuld bewußt, dennoch befiel mich Furcht. So ging ich nur zögernd hinunter.

Meine Mutter stand in der Haustür. Mit einem Messer in der Hand, einem, mit dem man Kartoffeln schält.

»Dein Kaninchen«, stieß sie heiser hervor.

Ich stierte erst sie, dann das Messer an. In dunklem Entsetzen floh ich. Ich jagte hinaus in den strömenden Regen; im Nebel des Wäldchens versteckte ich mich.

Hier blieb ich, bis mein Vater kam. Er begann mich zu suchen, rief meinen Namen, voller Sorge, voller Ungeduld. Schließlich lief ich zu ihm. »Papa!« Ich schlang meine Arme um ihn. Bestürzt sah mein Vater auf mich nieder, fragte, was geschehen sei. Was ich erzählte, stimmte ihn wütend.

»Die Mama mit einem Messer?«

Er stürmte mit mir zurück zum Haus. »Na warte«, grollte er dumpf. Meine Mutter war in der Küche. Sie stand am Spülstein und rauchte. Als sie mich sah, begann sie zu lächeln. Ein böses Lächeln zeigte sie.

»Morgen gibt es Kaninchenbraten. . .«

Tränen schossen mir in die Augen. Ich blickte zu meinem Vater auf. Der stand wie versteinert da.

»Du alte Schlange!« zischte er. Ich fühlte meine Hand umfaßt, wir gingen hinauf in meine Kammer. Mein Vater und ich, seine Schwalbe. Er setzte mich auf mein Bett. Sorgsam trocknete er mir die Tränen, sprach mir leisen Trost zu.

»Mein kleines Mädchen, nicht weinen.« Ich klagte und jammerte ohne Ende; weinte eine Tränenflut.

Mein Vater fing an, mich zu streicheln. Er versprach mir ein neues Kaninchen. Schließlich wurde ich ruhig. Ich lauschte dem sanften Regenrauschen, dem sanften Ton meines Vaters. . .

»Mein kleines Mädchen.« Er begann mich auszuziehen. Schon setzte die Dunkelheit ein; sie umschloß unser Haus, floß in meine kleine Kammer, nahm von mir Besitz. Mein Vater löste den Gürtel seiner Hose.

»Komm, streichel deinen Papa.«

Schwarze stille Einsamkeit. . .

Das Kind beginnt den Vater zu streicheln, schon vernimmt es das übliche Stöhnen.

Schwarze stille Einsamkeit, lautlos bist du wie Schweigen. . .

Denke ich an diese frühen Jahre zurück, so weiß ich heute, daß sie einem stillen, dunklen Strom glichen, über dem nie die Sonne aufging, in dem sich kein Licht spiegelte. Schwarzes Wasser war es, in dem ich dahintrieb. Ohne die Dinge zu

kennen, die Kindern das Leben lebenswert machten. Ohne Spielgefährten, ohne Bezug zur Außenwelt. Gefangen lebte ich. Wie ein kleines Tier, dem keine Freiheit gewährt wurde. Ich war nur da, um benutzt zu werden. Auch von meinem Vater, der gut zu mir war und mich zärtlich behandelte, wenn er im Haus war. Doch meistens war er fort. Schon früh ging er in die Schneiderwerkstatt. Erst am Abend kehrte er zurück. Die Stunden dazwischen waren wie Schweigen, gepaart mit Angst vor meiner Mutter. Sie mochte mich nicht, sie haßte mich. So hatte ich kein Vertrauen zu ihr. . .
Verloren rann die Zeit dahin. Was mir blieb, war unser Garten, dazu das einsame Wäldchen. Hier zeigte sich Veränderung; im Wechsel der Zeiten lebte ich; vom Frühling zum Sommer, vom Herbst zum Winter, das war meine Welt.

Frühsommer.
Der Morgen war längst angebrochen. Leuchtend krönte die Sonne das Wäldchen, tauchte seine Wipfel in Gold. Im Grün seiner Zweige sangen die Vögel.
Ich stand am Tor, voller Ungeduld. Ich wartete, daß mein Vater käme. Er wollte zum Fischen ans Meer. Auf diese Weise entwich er, umging das Gezeter meiner Mutter. Wie immer hatte es Streit gegeben.
Jetzt floh mein Vater mit mir. Mit Eimer und Angel erschien er, ging zu unserem Wagen. Er winkte mir zu, ich solle kommen. Noch war mein Vater düsterer Laune. Ich kroch zu ihm auf den Beifahrersitz. Leise, kaum spürbare Furcht! – Der Wut meines Vaters traute ich nicht.
Sie verlor sich. Als wir durch die Wiesen fuhren, durch das leuchtende Gelb des Rapses, begann mein Vater zu summen. Er fühlte sich frei, hatte alles hinter sich gelassen. So verflog auch meine Furcht. Ich spähte durch die Windschutzscheibe. Sah Himmelsblau und kreisende Möwen, spürte den warmen Sonnenschein.

»Bald sind wir am Wasser, mein Kleines.« Mein Vater lachte und sang. Schon erhob sich der Deich aus den Wiesen. Schafe grasten und glotzten umher. Mein Vater stoppte den Wagen. Seine Augen streiften mich. Etwas Fremdes lag in seinem Blick. Schweigend stieg er aus. Jetzt summte und sang er nicht mehr; winkte mir nur, daß ich aussteigen solle.

Ich stürmte hinauf zu den Schafen. Ich wollte sie streicheln, wenigstens eines. Blökend stoben sie auseinander. Ich folgte ihnen, begann sie zu jagen. Mein Vater derweil sah zu. Reglos stand er am Fuße des Deiches, verfolgte mit schmalen Augen mein Spiel.

Schließlich kam er hinter mir her. Ich lachte und sprang davon. Plötzlich ein Schaf, ich stolperte und fiel. Schon war mein Vater über mir.

»Komm, wir sind zum Fischen hier.«

Wieder der seltsame Zug im Gesicht; wieder der unruhige Blick. Mein Vater umschloß mein Handgelenk, lief mit mir den Deich entlang, hinunter zur alten Hütte. Beschienen von Sommersonne stand sie inmitten von wogendem Seegras.

Mein Vater löste hastig das Türschloß, stieß mich in den warmen Dämmer der Hütte. Moder roch ich und Seetang.

»Willst du mit Papa aufs Wasser?« Er wies mit dem Kopf zum Fenster hin, zum Meer, das still war und blau wie der Himmel. Ich nickte, von dunkler Ahnung befallen.

Ich kannte den heiseren Ton seiner Stimme, das Flackern in seinen Augen.

»Dann tu, was der Papa so gerne mag.«

Ich weiche vor meinem Vater zurück. Drücke mich in die staubige Ecke. »Komm, sei brav!« Mein Vater schnellt vor. Er packt mich, zieht mir das Kleidchen aus, den grüngestreiften Schlüpfer.

»So ist es gut«, stößt er heiser hervor. Er legt sich mit mir auf den sandigen Boden. Heftiges Atmen, er öffnet die Hose, führt meine Hand an sein hartes Geschlecht.

Das Kind hört den Schrei des Austernfischers. Ein klagender Ruf, der langsam schwindet, wie auch die Hütte, die es umgibt.

Es schließt die Augen, es weiß, was kommt. – Es taumelt, stürzt in die Tiefe. Von irgendwoher tönt leises Gestöhne, alles wird schwarz und schweigend.

Die Sonne steht hoch, es ist Mittag. Alles ist vorbei. Mein Vater und ich im Boot, das dümpelt. Ich schaue über das Wasser. Im blassen Dunst des Mittags sehe ich das Ufer, den einsamen Baum, die einsame Hütte, verschwommen, kaum zu erkennen. Wie Silber glitzert das Meer; ein Spiegel, der uns trägt, er blendet meine Augen. Mein Vater hält die Angelrute, er wartet gespannt auf einen Fisch. Sein Blick ist ruhig, ohne das Flackern. Keine Spur von Unruhe mehr.

»Möchtest du eine Babypuppe?«

Mein Vater sieht mich an. Vielversprechend lächelt er.

»Ich kriege eine Babypuppe?«

»Wenn dir dein Papa das sagt.« Mein Vater beugt sich vor, zärtlich küßt er mir die Stirn. »Ganz bestimmt, mein kleines Mädchen.«

Die Hütte, das, was geschah. Alles ist schon vergessen.

Mein Vater ist lieb, mein Vater ist gut. Er ist mein ein und alles. . .

Der nächste Tag brachte wieder Sonne; wieder Wärme und blauen Himmel. Ich wollte hinaus in den Garten. Meine Mutter aber verbot es mir. Noch immer nagte die Wut an ihr, der gestrige Streit ging ihr nicht aus dem Kopf. Opfer ihres Zorns wurde ich.

»Du gehst mir nicht in den Garten!«

Ich stürzte zur Tür, wollte fliehen. Das war mein Verhängnis. Meine Mutter sprang eilig hinzu. Sie packt mich am Kleidchen, zerrt mich zurück.

»Wer ist hier wütend! Das frage ich dich!« Sie reißt sich ihr buntes Tuch von den Schultern, schlingt es mir um den Hals. »Ich lehre dich schon, gehorsam zu sein!« Haßerfüllt zieht sie das Tuch zusammen.

Todesangst! Schon ist sie da!

»Versprich mir, nie mehr wütend zu sein!« Der Ton ihrer Stimme ist leise wie nie. Unbarmherzig zieht sie fester, ich würge, versuche ein Schreien.

»Versprich mir, nie mehr wütend zu sein!« Noch einmal zischt meine Mutter die Worte. Ein schwaches Nicken gelingt mir.

»Na also«, sie gibt mich frei. Ich krieche in die Sofaecke. Dort kauer ich, bis mein Vater kommt. Ich fühle mich einsam und schuldig. Wut hat etwas mit Bösem zu tun. Böse mit Angst und Tod.

Wenn ich von unserem düsteren Haus berichte, so muß ich auch von meinen Großeltern berichten. Sie lebten nicht weit von uns. Zwischen Wiesen und weiten Feldern bewohnten sie ein Bauernhaus. Getreide bauten sie nicht an. Auch betrieben sie keine Viehwirtschaft. Sie wohnten dort im Verborgenen, das war es, was sie wollten. Mit niemandem pflegten sie Kontakt, kein Nachbar hatte Zugang zum Haus. Sie besuchten deren Feste nicht, mieden jeden Besuch. So ahnte man nichts von den Eigenarten, die meine Großeltern prägten. Beide waren krankhaft veranlagt. Meine Großmutter liebte Frauen, sie wünschte, von ihnen gequält zu werden. Mein Großvater war auf Kinder fixiert; besonders auf kleine Mädchen. Je kleiner sie waren, desto besser für ihn.

Noch heute verspüre ich Furcht, denke ich an seine derbe Gestalt. Massig war sie, wirkte bedrohlich. Der kurze stierige Nacken, darüber der kahle kräftige Schädel. Die blanke Stirn bleibt mir unvergessen, die wässrigen Augen, die wulstigen Lippen.

Immer hatte ich Angst vor ihm. Stets verfolgten mich seine Blicke, obwohl ich erst vier Jahre alt war.

Damals, im Sommer, im Monat August. Mein Vater hatte mich hergebracht. Ich sollte bei meinen Großeltern bleiben, bis mein Bruder geboren war.

Ich entsinne mich noch des Ankunftstages. Brütende Hitze lag über den Feldern, das Korn stand in flimmerndem Dunst. Viel höher gewachsen war es als ich; es nahm mir jegliche Sicht. Nur meinen Vater sah ich. Ihn, der mit mir durch den Mittag streifte. Bis zum Abend würde er bleiben, dann erst wollte er heim.

Er riß eine Ähre Weizen aus, begann mich damit zu kitzeln.

»Gefällt das meinem Mäuschen?«

Ich lachte. Mein Vater beugte sich nieder, dicht vor mir sah ich sein rotes Gesicht. Blank von Schweiß die nackten Schultern.

»Komm, der Papa zeigt dir was.« Mein Vater zerrte mich mit sich, entlang eines staubigen Feldwegs, vorbei an gemähtem Heu. Wir stießen auf einen verlassenen Stall. Hier roch es nach Vieh, nach getrocknetem Stroh. Am Eingang stand eine Regentonne, mit Wasser gefüllt bis an den Rand.

Mein Vater taucht seine Arme ein. Sein Blick bekommt das seltsame Flackern, etwas an ihm macht mir Angst.

Ich spüre Gefahr, so will ich entwischen.

»Komm her!« Seine Hände greifen nach mir. Er streift mir hastig das Hemdchen ab, den Schlüpfer von den Beinen. Dann taucht er mich in die Regentonne. Ich schlucke Wasser, glaube zu sterben.

Mein Vater wirft mich ins Stroh. Es sticht und riecht nach Vieh. Schwitzige Hände umklammern das Kind, pressen das kleine Gesäß in die Lenden. »Schön still«, raunt eine heisere Stimme.

Stechender Schmerz, ein ferner Schrei. –

Das Kind stürzt in brütende Finsternis, alles wird schwarz und still...

Tage später, mein Vater ist fort. Jetzt war ich allein auf dem Hof; war meinem Großvater ausgeliefert. Überallhin verfolgte er mich. Er glich einem unruhigen Tier; gab sich wie auf Beutefang. Bald sollte er mich erwischen.

Es war an einem Nachmittag. Ich schlich durch das Haus, den Flur entlang, ich glaubte mich sicher, ungesehen. So schaute ich heimlich in jedes Zimmer.

»Was macht denn die kleine Laura hier?«

Erschrocken fuhr ich zusammen. Wich von der alten Tür zurück, sie führte in eine muffige Kammer. Mein Großvater schob mich hinein. Wortlos machte er Licht. Wortlos hob er mich hoch, setzte mich auf die hölzerne Bank. Sonst gab es keine Möbel hier drinnen, nicht einmal ein Fenster. Dafür sah ich seltsame Dinge. Peitschen, Riemen aus Ledergeflecht, Ketten, die von der Decke hingen.

Mein Großvater nahm eine Peitsche zur Hand, hieb durch die Luft, daß es knallte.

»Was machst du?« fragte ich ängstlich.

»Der Opa spielt, das siehst du doch.« Er stieß ein rauhes Lachen aus, ohne den Blick von mir abzuwenden. Ein weiterer scharfer Knall, dann hängte er die Peitsche zurück an die Wand.

»Was der Opa jetzt wohl macht?« Er schnappte sich einen Lederriemen, kam langsam auf mich zu. »Jetzt wird die Laura festgebunden.« Er drückte mich nieder, schnallte mich fest, keine Bewegung war mir mehr möglich. »So bleibst du, bis ich wiederkomme.«

»Angst!« Ich stierte ihn an.

»Angst ist gut, das mag der Opa, dann bist du später artig.« Noch heute verfolgt mich sein grausames Lachen, dazu sein böses Gesicht. Das Licht erlosch, es blieb dunkel. Mein Großvater zog die Tür in das Schloß, mit schweren Schritten

42

entfernte er sich. Ich begann zu weinen. Verzweifelt schrie ich um Hilfe. Doch niemand kam und erlöste mich. Gefangen war ich in tödlicher Stille, umgeben von drohender Finsternis.

Ich weiß nicht, wie lange ich weinend dalag. Noch immer umgab mich Dunkelheit. Mein Körper schmerzte, ich jammerte leise. Plötzlich flammte Licht auf. Mein Großvater stand in der Tür. Fast nackt, er trug nur ein Unterhemd. Er stemmte die Hände in die Seiten, maß mich mit kaltem Blick. »Will die Laura jetzt lieb zu mir sein?« Langsam kam er auf mich zu, fing an, mir meine Fesseln zu lösen. Er setzte mich auf und fuhr mir durchs Haar. »Weißt du, du gleichst deiner Mutter, mein Kindchen. Nur rotes Haar, das hatte sie nicht; auch sonst bist du viel süßer.«

Er streifte mir meine Kleider ab, rutschte auf die Bank neben mich. »Der Opa hat viel mit der Mama gespielt. Feine Spiele, du lernst die auch.« Er zieht mich auf seinen Schoß. »Soll ich dir eines zeigen?« Wieder lacht mein Großvater rauh. Entsetzen packt mich. Ich schüttel den Kopf, wehre mich, will entfliehen.

»Du gleichst deiner Mutter, du kleines Biest. Auch die hat sich immer gewehrt.«

Mein Großvater greift mir zwischen die Beine.

»Jetzt bist du Edith und ich dein Papa.«

Das Kind will schreien, es weiß, was kommt. Schon spürt es den schwitzenden Leib, den heißen Atem, das harte Geschlecht.

Es stiert zu den Peitschen, die langsam verschwimmen. In Nebeln tanzen, wie auch die Riemen, die Ketten, die furchtbare Kammer.

Was folgte, waren Tage der Furcht. Immer hatte ich Angst, war ständig auf der Hut. Dennoch, es gab ein zweites Mal. . .

Es war am frühen Nachmittag. Meine Großmutter war mit dem Fahrrad fort, trotz der unerträglichen Schwüle, die herrschte, trotz der schwarzen Wolkenwand, die mächtig und drohend aufstieg.

Ich hatte mich heimlich davongeschlichen, hockte verborgen am kleinen Bach, jenseits der Wiesen floß er dahin. Ich baute mir Dämme aus Steinchen und Schlamm, ließ ein Holzstück als Schiffchen schwimmen. Betäubte so mein Furcht.

Plötzlich hörte ich eine Stimme. Mein Großvater war es, der nach mir rief.

»Laura, wo steckst du! Nun komm schon zum Opa!«

Ich wagte keinen Atemzug, wagte nicht, mich zu rühren.

»Laura, verdammt, nun komm zum Opa!« Mein Großvater begann vor sich hin zu schimpfen. In seiner Stimme schwang Ungeduld. Jetzt drang sein schwerer Schritt zu mir.

»Ich kriege dich doch, du kleines Biest!«

Ich starrte ins Wasser, gelähmt vor Entsetzen. Mein Herz schlug wild, mir schwindelte. Schon stand mein Großvater hinter mir, mit schweißnassem Körper und dunklem Gesicht, die Hose war halb geöffnet. In höchster Not sprang ich auf und davon.

»Du kleine Kröte, das wirst du mir büßen!« Mein Großvater stieß einen Lacher aus. – Ich haste durch flirrende Hitze; stürme über endlose Wiesen. Panische Angst macht mich blind. Ich stürze und bleibe reglos liegen. Mein Großvater naht, mit heißem Atem, entdeckt mich, wirft sich über mich.

»Jetzt hab ich dich, du kleines Luder!«

Kein Laut durchdringt die einsame Schwüle. Alles wird schwarz und schweigend.

Ich hatte einen kleinen Bruder bekommen. Meine Eltern nannten ihn Finch. Finch war ein blasses Baby, seinen Kopf bedeckte ein rötlicher Flaum. Seit Finchs Geburt wurde manches anders. Meine Mutter tat, als sei ich Luft, sie schenkte mir keine Beachtung mehr. Nur manchmal erhielt ich Schelte, bekam die gewohnten Schläge dazu. Ihre übrige

Zeit galt dem Baby. Fast immer lag sie im Bett mit ihm, spielte seltsame Spiele mit ihm. Was es war, das wußte ich nicht. Dann aber kam es anders.

Es war ein trüber Tag im November. Mein Vater war zur Arbeit. Ich trieb mich allein im Wäldchen herum, erzählte mir selbst Geschichten. Nebel umfloß unser düsteres Haus, durchwob das Wäldchen mit Schweigen. Ich pflückte Zweige vom Tannengrün, die wollte ich meiner Mutter schenken. Obschon ich sie nicht leiden konnte.

Mit einer Handvoll Tannengrün lief ich zurück zum Haus. Drinnen war alles sonderbar still. Ich hörte meine Mutter nicht, nicht meinen kleinen Bruder. Die Stille kam mir merkwürdig vor.

»Mama, wo bist du?« rief ich zaghaft. Ich schlich durch den Flur zum Schlafzimmer hin, öffnete leise die Tür.

Meine Mutter saß in die Kissen gelehnt, das Baby zwischen den nackten Schenkeln. Was es dort machte, erkannte ich nicht.

»Mama, guck mal, ich hab was für dich!« Schüchtern hielt ich das Tannengrün hin. Sie schien mich nicht zu hören. Mit geschlossenen Augen lehnte sie da, ihren Lippen entrang sich ein Stöhnen. Ängstlich trat ich näher.

»Mama, guck, das ist für dich.« Wieder ein scheuer Versuch. Sie zuckte erschrocken zusammen.

»Mußt du mich und das Baby stören!«

Ich starrte zum Bett, zu meinem Bruder, der dicht bei meiner Mutter lag, an ihren nackten Schenkeln.

Verschwommen eine Erinnerung. – Auch ich lag einmal so da.

»Komm her, und guck, was das Baby macht.« Meine Mutter streckte ihre Hand nach mir aus, mit dunkler Stimme lockte sie mich.

»Ich will nicht!« Ich stürze zur Tür, haste hinaus ins Freie. Im schweigenden Nebel suchte ich Schutz, im Wäldchen unter dem Tannengrün. Hier fühlte ich mich sicher. Ich kroch in meine Einsamkeit, lauschte meiner Furcht.

So wartete ich, bis mein Vater kam, mich zu sich in die Küche holte. Er hatte sich Arbeit mitgebracht. Still sah ich zu, wie er nähte. Ich dachte nicht mehr ans Tannengrün, nicht an Finch, meinen kleinen Bruder. – Mein Vater war da, nichts anderes zählte. Mein Vater, dem ich vertraute.

Es war an einem der nächsten Abende. Ich lag im Dunkel meiner Kammer, eingebettet in Einsamkeit, in kindliche unbestimmte Trauer. Mein Vater war fort. Er war zu einem seiner Angelbrüder. Seit kurzem hatten sich ein paar Sinnesgenossen zusammengeschlossen; nun traf man sich regelmäßig. An diesen Abenden brachte mein Vater mich nicht zu Bett, er sagte mir nicht Gute Nacht. So kam ich mir verlassen vor, von meinem Vater mißachtet. Gefangen lag ich in meiner Trostlosigkeit. Ohne meinen Vater fürchtete ich das Haus, seine Stille, dazu meine Mutter. Plötzlich erschien sie. Licht flammte auf. Ich rieb mir die Augen, sah scheu zu ihr hin. In ihren Morgenmantel gehüllt, stand sie rauchend in der Tür.

»Komm runter, wir wollen spielen.« Sie streckte mir ihr nacktes Bein entgegen. Ich erstarrte und schüttelte den Kopf. »Komm!« Sie wurde ungeduldig. »Du sollst etwas lernen.«

»Ich mag nicht lernen, was du mir beibringst.« Ich sprang aus dem Bett, kroch hastig darunter.

»Kommst du wohl, du Luder.« Meine Mutter lachte, sie hatte getrunken.

»Ich will nicht, ich mag deine Spiele nicht!«

Jetzt schlug ihre Stimmung um. Aus Heiterkeit wurde bitterer Zorn. Sie bückte sich, umkrallte mein Fußgelenk. Erbarmungslos zog sie mich vor. »Verfluchtes Kind!« Sie schlug nach mir. Ihre Hand jedoch verfehlte mich. Das war mein Verderben. Sie packte mich und warf mich auf mein Bett. Ihr Gesicht war aschfahl, entstellt vor Wut.

»Das wirst du mir büßen!« stieß sie hervor. Sie riß sich ihren Morgenmantel vom Leib, nahm meinen Kopf in beide Hände und preßte ihn in die Kissen.

»Du magst meine Spiele nicht!« Schon saß sie auf mir, ihr nacktes Fleisch erstickte mich fast. »Sag das noch einmal«, zischte sie. In Todesangst schlage ich um mich; kämpfe um Luft, um mein kleines Leben. Sekunden noch, dann droht mir Sterben.

»Wütende Kinder mögen wir nicht!« Sie lacht, dann bin ich frei. Ein häßlicher Blick, dann geht meine Mutter. –
Ich löse mich aus den Kissen. Löse mich aus der Todesangst. Ich möchte weinen, tue es nicht, treibe im schwarzen Strom meiner Kindheit, ohne rettendes Ufer.

Ich weiß nicht, wie die Zeit verging, entsinne mich nicht der düsteren Tage. Ich weiß nur, es wurde Winter. Winter, die schreckliche Zeit meiner Eltern.
Es war an einem Sonntag, einem, von denen es viele gab, denen ich nicht entrinnen konnte. Es war die Zeit der furchtbaren Spiele, zusammen mit meinen Eltern im Bett. Noch war alles ruhig, noch schliefen sie. Ich glitt aus dem Bett, tapste zum Fenster. Ich sah einen weißen Wintermorgen, es hatte die Nacht geschneit. Für einen Moment vergaß ich den Sonntag, mein Blick hing staunend an unserem Wäldchen. Es glich einer weißen Zauberwelt, genau wie im Märchen der Schneekönigin. Ich schaute hinauf zu den Wolken. Weites graues Himmelszelt. Gab es Engel, die Kissen ausschütteln? So, wie mein Vater erzählte? Vom Kirchturm wehte die Sonntagsglocke, leise, dennoch, ich hörte sie. – Unten im Haus wurden Stimmen laut. Wie oft nach der Nacht war Gezänke am Morgen. Ich hörte meine Mutter. »Geh, hol das Kind, du alter Versager!«
Ich floh, verlor mich im Himmelszelt. Suchte die Engel, die Kissen ausschütteln.

»Nun mach schon, verdammter Nichtsnutz!« Das Schlagen einer Tür drang zu mir, danach folgte lähmende Stille. Schließlich kam mein Vater, ich hörte ihn auf der Stiege. Ich sprang in mein Bett, ich wußte, was folgte. Morgenspiele, wie immer am Sonntag, wenn meine Eltern sich gestritten hatten. Sekunden, dann stand mein Vater im Zimmer. Bleich war er und unrasiert. Müde strich er sein Haar nach hinten.

»Na komm, mein Kleines, die Mama wartet.«

Wir gingen zusammen hinunter. – Im Bett meiner Eltern lag nackt meine Mutter, neben ihr krabbelte Finch. Sie streckte ihre Hand nach mir aus, fuhr mir unter das Nachthemd. Ihre rutschigen Finger streichelten mich, drangen in mich ein. Kein Erbarmen kannte sie; ich lachte, obwohl mir zum Weinen war. Ängstlich sah ich zu meinem Vater. Mit schmalen Augen schaute er zu. – Endlich gibt meine Mutter Ruhe, wendet sich meinem Bruder zu.

Ich starre zum Fenster, zum Grau des Himmels. Gibt es Engel, die Kissen ausschütteln? – Stille Wolken, mehr sehe ich nicht. Plötzlich ein Griff, mein Vater packt mich, dreht mich um und preßt mich an sich.

Wo sind die Engel, die Kissen ausschütteln! – Ein Schmerz, ich will um Hilfe schreien, alles wird schwarz und still.

Der Sonntag war, wie alle, vergessen. Ich trabte und stapfte durch den Schnee. Jeder Baum trug ein Zaubergewand, weiße stumme Gestalten. In bläulichem Schimmer umtanzten sie mich. Ein Meer von Flocken stürzte vom Himmel, dunkel war es, der Abend brach an. Seit Stunden war ich im Schnee. Jetzt rief meine Mutter nach mir. Ich lief zu ihr in die Küche, wie immer von leiser Angst erfaßt. Meine Mutter stand und packte Päckchen, Geschenke für den Weihnachtsbasar. Seit Jahren tat sie das, seit Jahren erhielt sie den Dank des Pfarrers. –

Sie warf mir einen flüchtigen Blick zu. »Was bist du naß, geh zum Papa. Er soll dir trockene Kleider anziehen.«
Gehorsam lief ich in die Stube. Mein Vater war nicht allein. Er hatte Besuch von den Angelbrüdern. Sie saßen in einer Wolke von Qualm, tranken Bier und redeten. Keiner nahm mich wahr. So stand ich still und sah zu. Die Männer waren zum ersten Mal hier. Sie kamen mir gewaltig vor; laute Stimmen, derbes Gelächter. Jetzt endlich bemerkte mein Vater mich. Er stellte sein Glas ab und winkte mich zu sich. Sein Blick glitt über mich hin. »Du bist ja ganz naß.« Mein Vater lachte, ganz nüchtern schien er nicht mehr zu sein. Schon fing er an, mich auszuziehen; den Mantel, die Stiefel, die feuchte Hose. Die Männer sahen neugierig zu.
»So ein goldiger Fisch an der Angel.«
Mein Vater nickte stolz, zog mir die restliche Kleidung aus. Jetzt stand ich nackt vor den grinsenden Männern. Einer von ihnen schnappte nach mir, fuhr mir durch den Lockenschopf, gab mir einen Klaps auf den Po. So machte ich die Runde. Von Hand zu Hand wurde ich gereicht. Jeder strich mir über das Haar, klatschte mir auf das Hinterteil.
Mein Vater schien vor Stolz zu platzen. »Wenn du erst mal groß bist!« lächelte er. Er hob mich auf seinen Schoß. Vier Augenpaare hingen an mir, an meinen gespreizten Beinchen. Meine Mutter erschien mit der Babywanne, in der ich abends gewaschen wurde. Sie stellte sie auf den Boden, befahl mir, mich hineinzustellen.
»Wasch die Kleine, ich hab keine Zeit.«
Mein Vater begann mich abzuseifen. Die Männer lachten rauh. Die Art, wie mein Vater mich wusch, gefiel. Abwechslung dieser Art war selten. So wurde ich zur Gewohnheit. Allein meine Mutter sorgte dafür. Kamen am Abend die Angelbrüder, brachte sie mich zu meinem Vater. Der wusch mich von oben bis unten. Später hüpfte ich nackt umher, zum großen Vergnügen der Männer. Bald machten sie kleine

Geschenke. Mal ein paar Bonbons, mal ein Spielzeug. Meine Mutter war höchst zufrieden; ich lernte, mich zu verkaufen. Ich war erst fünf Jahre alt, und schon wurde ich von Männern bewundert.
Wer sonst schenkte mir Bewunderung?
Was machte es da, daß ich nackt war.

Wir hatten Nachbarn, die Nagels. Sie besaßen eine Gärtnerei, die verwahrlost war und schlecht ging. Selten nur kamen Kunden. Es hieß, solchen Leuten könne man nicht vertrauen. Ich hatte Angst vor den Nachbarn. Vor dem feisten Mann, der Frau mit der schrillen Stimme. Manchmal kamen sie zu uns. Abends, wenn ich schon zu Bett war. Sonderbare Besuche. Ich vergesse sie nicht, nicht die langen Sommernächte.
Hohe, laue Sternennacht, fremde, ferne Welt. Ich lag in meinem Bett, spähte hinauf zum Himmel, horchte in die Dunkelheit, die still war, ohne Antwort blieb. Kein Laut drang zu mir. In meiner Kammer war es stickig. Noch nistete die Schwüle des Tages unter dem Dach; zusammen mit meiner Einsamkeit, meiner immerwährenden Furcht. Sie überkam mich, sobald ich meine Mutter im Haus wußte. War sie fort, fühlte ich mich sicher. Sie hatte Arbeit gefunden, in einer Wäscherei bediente sie die Mangel. Jeden Mittag ging sie dort hin, zusammen mit Finch. Erst abends kehrte sie zurück, häufig mit meinem Vater. So war ich Tag um Tag auf mich gestellt, vertrieb mir die Zeit im Garten, in unserem Wäldchen, spielte ohne Furcht. Nur wenn es regnete, rannen die Stunden zäh dahin. Sie wurden mir zur Ewigkeit, und ich fühlte mich eingesperrt in die Düsternis unseres Hauses. Wenngleich ich mich nicht fürchtete, Alleinsein war ich gewohnt. . .
Meine Augen schweiften durch das Blau der Nacht, hingen am Blinken der Sterne. Plötzlich drang lautes Gelächter zu mir. Nur kurz, dann war es wieder still. Ich lauschte, wagte

nicht zu atmen. Die schrecklichen Nachbarn waren da, waren wie jeden Mittwoch gekommen, kaum daß ich zu Bett lag. Mit meinen Eltern gingen sie in die Stube, es wurde gelacht und geredet. Später war das Schlafzimmer dran, von dort her hörte ich nichts. Nur manchmal das Lachen der Gärtnersfrau, es drang herauf in meine Kammer. Es machte mir angst, ich fand keinen Schlaf. Reglos lag ich im Bett, horchte auf jedes Geräusch. Bis meine Eltern das Haus verließen, mit der Frau des Gärtners davonfuhren. Ihr Mann blieb. Rauchend saß er unter meinem Fenster, hörte über einen Transistor den Polizeifunk. Stunde um Stunde saß er dort und hörte diesen Sender. Mit klopfendem Herzen lag ich in den Kissen, sehnte den Moment herbei, wo er endlich seinen Platz verlassen und verschwinden würde. Fast immer war es im Morgengrauen; wenn der Himmel die Nacht abstreifte und die ersten Sonnenstrahlen in meine Kammer flossen. Meine Einsamkeit erhellten, mir die Angst nahmen. Dann kehrten auch meine Eltern zurück. Woher sie kamen, war mir ein Rätsel. Erst später sollte ich die Lösung wissen. Sie stürzte mich in mein Verderben; wie alles, was meine Eltern mir taten.

Endlose Tage verstrichen. Sie reihten sich aneinander wie eine Kette glanzloser, düsterer Perlen, deren Träger meine Einsamkeit war. Schließlich wurde meine Mutter ernsthaft krank. Man brachte sie ins Krankenhaus. Was sie hatte, verschwieg mir mein Vater. Er blieb nun daheim und versorgte uns.

Nach einer Woche durften wir sie besuchen. Mein Vater zog mir mein Sonntagskleid an und band mir eine Schleife in die Locken. »Sei hübsch lieb zur Mama!«

Meine Mutter hatte nur Augen für Finch. Sie herzte ihn, küßte sein kleines Gesicht. Erst dann fiel ihr Blick auf mich.

»Setzt euch, erzählt der Mama was!«

Ratlos sah ich meinen Bruder an. Was sollten wir erzählen? Unsere kindliche Welt war mehr als begrenzt. Wir kannten nichts als unser Haus, den öden Garten, das stille Wäldchen. Was schon gab es sonst? Nur die Spiele im Bett meiner Eltern, die wir in stummem Leiden ertrugen, später zur eigenen Rettung vergaßen. Meine Mutter nahm Finchs kleine Hand.

»Schau, das ist die Tante Lau, sie kommt uns bald besuchen.«

Die Fremde im Nachbarbett lächelte süßlich, geschminkt war sie wie meine Mutter.

»Ich bin die Tante Dora.« Sie griff in die Lade ihres Nachtschranks, zog eine Tüte mit Bonbons hervor. Mein kleiner Bruder schnappte danach, ich nicht, die Fremde gefiel mir nicht. Sie schien es zu bemerken, versuchte mich anders zu gewinnen. »Möchtest du Schokolade?«

Da trat ihr Mann ins Zimmer. Es war ein sehniger, untersetzter Typ mit kalten Augen und einem knochigen Gesicht. Sein Blick schnellte prüfend zu mir, tastete mich ab. Ich senkte den Kopf. Er lachte, ging auf meinen Vater zu. Sie umarmten sich. Die Vertrautheit stieß mich ab. Auch meine Mutter umarmte den Mann. Sie gaben sich wie alte Freunde, obwohl sie sich erst seit Tagen kannten. Was sie verband, waren gleiche Interessen; der Spaß am Sex mit Kindern. . .

So lebte ich im Wechsel der Jahreszeiten. Sie schenkten meinem verhangenen Leben ein wenig Licht, brachten ein wenig Abwechslung in die beklemmende Eintönigkeit unseres düsteren Hauses.

Es muß im Winter gewesen sein, an einem der stillen Tage. Ich lief durch den Schnee, strich durch unser Wäldchen. Erste Sonne durchbrach die Zweige, blitzende Schwerter trafen mich. Auf ihnen glitt ich hinauf zum Himmel, verlor mich in seiner Weite. So vergaß ich meine Mutter, ihr strenges Gebot, im Haus zu bleiben.

Plötzlich vernahm ich ihre Stimme, sie lief umher und suchte mich. Ängstlich rannte ich zu ihr. Sie stand vor dem Haus, mit starrem Gesicht. Schimpfend zerrte sie mich hinein, zerrte mich den Flur entlang, doch Schläge erhielt ich keine. Dafür bekam ich Arrest. Ich mußte in meiner Kammer bleiben, bis mein Vater nach Hause kam.

Verloren schlich ich in mein Zimmer, dort kniete ich mich an das Fenster. Ich lauschte in die düstere Stille, ich wußte, was meine Mutter jetzt tat; sie spielte mit Finch im Bett. Ihr Hunger nach ihm war unstillbar.

Ich trat an den Tisch, fing an zu malen. Schwarze Gestalten, die Kinder quälten, solche wie Finch und mich. . .

Vom Himmel fiel langsam die Dämmerung. Graues Licht spann seine Netze, durchwob meine kleine Kammer. Wieder ging ich ans Fenster. Wind stob Schnee auf, trieb ihn ums Haus, weiße Wolken bestäubten mein Wäldchen. Da hörte ich meinen Vater.

Er kam durch unser Tor gefahren, stoppte den Wagen, stieg eilig aus. Frierend rannte er zum Haus. Kurz darauf ertönte Gezanke; das Schreien meiner Mutter.

»Du wirst sie bestrafen, du Schlappschwanz!«

Die Wut meiner Mutter war grenzenlos, mein Vater wurde wie immer zum Prellbock. Schließlich die unvermeidbaren Schritte; mein Vater kam die Treppe herauf. So schnell ich konnte, versteckte ich mich. Ich stellte mich hinter den Schrank. Mein Vater stieß die Tür auf, zornerfüllt erschien er im Zimmer. Schon hatte er mich entdeckt.

»Was mußt du die Mama so ärgern!« Er war in Wut, wie meine Mutter.

»Die Mama soll weg, ich mag sie nicht.«

Das Gesicht meines Vaters verhärtete sich. »Du magst sie nicht, das will ich nicht hören!« Er griff nach mir und zog mich zu sich. »Du gehst jetzt zu ihr und sagst, du willst lieb sein.«

Ich riß mich los, kroch unter das Bett. Mein Vater zerrte mich hervor. Sein Zorn, der meiner Mutter galt, schwenkte um auf mich.

»Ab mit dir in die Badewanne!« Er klemmte mich unter den Arm. Hinunter ins Bad trug er mich. Am Waschtisch stand meine Mutter, ihr böses Gesicht war voller Unruhe. »Na endlich, das wird auch Zeit!«

Mein Vater dreht den Wasserhahn auf, setzt mich mit Kleidern in die Wanne, wartet, bis sie voll ist. Wortlos greift er in mein Haar, taucht meinen Kopf unter Wasser. Mein Vater will mich ertränken! Ich strampel, schlage um mich. Sekunde um Sekunde vergeht. Dann gibt mein Vater mich frei. –

»Ein wütendes Kind, das mögen wir nicht! Hast du uns verstanden?«

Ich stiere entsetzt meine Eltern an, huste, verschluck mich, spuck Wasser. Endlich gelingt mir ein zaghaftes Nicken. Jetzt ist meine Mutter zufrieden. Mit spöttischem Lächeln geht sie.

Mein Vater beginnt sich auszuziehen, ruhig steigt er zu mir in die Wanne. Aus Seife zaubert er schaumigen Schnee, küßt mich, redet mir tröstend zu. »Morgen werden wir Schlitten fahren.« Ein letztes lockendes Zauberwort, alles ist vergessen.

Mein Vater ist lieb, mein Vater ist gut, er ist mein ein und alles...

Ich weiß noch genau, es war Frühlingsbeginn. Ein lichter Morgen, erfüllt von Gezwitscher, von Sonne und leuchtendem Himmelsblau. Noch war ich im Haus in der Küche. Sah heimlich meiner Mutter zu, sie stand am Spülstein und wusch sich. Ließ Wasser über den Nacken laufen, wusch sich die Brust, den ganzen Körper, derweil sie auf meinen Vater schimpfte. Mißmutig begann sie sich abzutrocknen, bürstete sich das gebleichte Haar, schminkte sich ihr Gesicht, wie immer. Da erst entdeckte sie mich. »Was starrst du mich so an! Sieh zu, daß du nach draußen kommst.« Meine Mutter begann sich die Nägel zu feilen. »Nun geh schon raus«, befahl sie mir, »und bleib da, bis ich dich rufe!«

Ich lief in unser Wäldchen. Wohin ich schaute, Buschwindröschen, so mußte es Frühlingsanfang sein. Ich pflückte, soviel ich halten konnte, vergaß die Worte meiner Mutter: »Bleib draußen, bis ich dich rufe.!«

Ich rannte zurück zum Haus. Die Küche war leer, meine Mutter war fort. Noch schwebte blauer Rauch in der Luft; also war sie nicht weit. Ich ging in den Flur und horchte. Vom Schlafzimmer her drang ein leises Geräusch. Ich schlich zur Tür und öffnete sie. Ich fand meine Mutter im Bett, zusammen mit unserem Nachbarn. Beide waren nackt. Auch Finch, mein Bruder, der bei ihnen lag. Sein kleines Gesicht war seltsam gerötet, mit leerem Blick sah er mich an.

»Was willst du hier, du dummes Luder!« Wütend fuhr meine Mutter auf. Mein Sträußchen, ich streckte es ihr ängstlich entgegen.

»Du solltest erst kommen, wenn ich dich rufe!« Schon drängte sie aus dem Bett. Der Gärtner hielt sie grinsend zurück, sein feistes Gesicht hing an Finch. »Laß doch die Kleine, Edith.«

»Laß! Du bist wohl nicht richtig!« Wieder versuchte sie aufzustehen, wieder hielt sie der Nachbar fest. Dann traf sein Blick auf mich. Die glasigen Augen prüften mich, abschätzend sah er mich an.

»Komm doch mal her, du kleiner Rotschopf!«

Meine Mutter lachte, rauh und gehässig. »Bilde dir nur nicht ein, sie käme.«

»Dann muß ich die Kleine holen.« Der Nachbar wälzt sich aus dem Bett, schwerfällig stürzt er auf mich zu, kriegt mich, wirft mich zu Finch in die Kissen. Sekunden, dann ist er bei mir.

Ich schlage um mich und schreie.

»Das kommt davon, wenn man neugierig ist.« Sein massiger Leib erdrückt mich fast. »Nun mach mal, streichel den Onkel.«

Ich beiße, der Nachbar schreit wütend auf. Ich entwische, bin frei. In Panik fliehe ich aus dem Haus, will in das Wäldchen, ins Tannengrün. Da trifft mich ein dumpfer Schlag.

Ich falle in tiefste Finsternis, schwarzes Schweigen empfängt mich. Stunden später erwache ich. Mein Kopf schmerzt, er ist verbunden. Ich liege in einem Krankenhauszimmer, an meinem Bett sitzt mein Vater. Er ist besorgt und streichelt mich. Ich sei in das Auto des Gärtners gerannt, Frau Nagel konnte eben noch bremsen. Er fragt, wie das passiert sei. Ich sage kein Wort von dem Nachbarn. Ich weiß, meine Mutter würde sich rächen, sie ist mein ärgster Feind.

So blieb ich in mein Schweigen gehüllt, begleitet von tiefster Einsamkeit. Der schwarze Fluß meiner Kindheit schwoll an. Bald würde er zum reißenden Strom; ohne daß ich wußte davon.

Nach meinem Unfall hatte ich Ruhe. Niemand kam und bedrängte mich, zum erstenmal war ich ein richtiges Kind. Ich wurde von allen verwöhnt. So war ich für eine Weile glücklich; kein Schatten fiel in meine Welt, keine Gefahr, keine Angst. Schließlich aber war ich gesund, ich mußte zurück in das Haus meiner Eltern.

Alles wurde, wie es war. Niemand kam und schützte mich.

Ein düsterer Morgen im März. Schwere Wolken, kein Sonnenstrahl. Das Grau des Morgens verschwieg den Frühling. Noch lag ich still in meinem Bett, ließ den Blick durch die Kammer gleiten. In schattigen Winkeln hockte die Furcht, sie wußte, was mich erwartete. Es war das Bett meiner Eltern. Ich begann mit meiner Puppe zu spielen, lustlos, obwohl

Ostersonntag war. Das Bett meiner Eltern bedrohte mich, die Dinge, die sie verlangten von mir.

Ich lauschte in die Stille des Morgens. Kein klagender Windzug, kein Vogellaut! Nur das Schweigen des Himmels, das unheilvolle Dunkel. Kälte zog zum Fenster herein, frierend kroch ich unter die Decke. Irgendwann stand mein Vater im Zimmer, spärlich bekleidet, unrasiert. »Komm, meine kleine Schwalbe.« Er trug mich über den Boden hinunter, hin in das Bett, das ich haßte. Schreckliche Spiele, die sie wollten. Mit mir, mit Finch, gemeinsam, allein. . .

Und das, obwohl wir Ostern hatten. Kein Hase, kein einziges Osterei, erst nach erfüllter Pflicht.

Ich lag, ließ alles geschehen mit mir, starrte wie tot zu den schwarzgrauen Wolken, erbarmungslos zogen sie über mich hin, schwebten fort und davon.

Würde ich nie entfliehen können? Gab es keine Rettung für mich? Ostern war es, ein grauer Tag. Ohne Licht und Sonnenstrahl. Ohne das leiseste Glück des Frühlings. Nicht für Finch und mich.

So rann meine Zeit dahin. Kinderjahre im schwarzen Strom, gefesselt an tiefste Einsamkeit; nicht mehr war mein kleines Leben. Ein Mißbrauch löste den nächsten ab. Verloren war ich, ohne Hilfe. Jetzt war ich fast sechs, die Schule nahte. Würde sie mir Freiheit bringen? Das rettende Ufer, nach dem ich mich sehnte?

Noch aber war es nicht soweit. Noch trieb das Jahr seinem Ende zu, lehrte mich neue Dinge.

November war es, ein naßkalter Tag. Bleiernes Grau, wohin ich schaute, selbst die letzten Blätter des Wäldchens. Kleine welke Segel, ziellos glitten sie durch die Luft, vorbei an meinem Fenster. Ich stand und sah ihnen zu. Glitt mit den Segeln ins Ungewisse, suchte ein sicheres Ufer. Wie immer war ich erfüllt von Angst. Mein kleiner Bruder lag krank im Bett, hohes Fieber quälte ihn, seit Tagen nahm er nichts zu sich. Was ihm fehlte, wußte man nicht. Meine Mutter, sie war es, die litt. Daß Finch nicht zu gebrauchen war, versetzte sie in Wut. Es war also nur eine Frage der Zeit, wann sie mich zum Spielen holte. Diese Gefahr bedrohte mich; jeden Tag, Stunde um Stunde. Bisher war ich verschont geblieben.

Unten im Haus schlug die Eingangstür. Ich sah meine Mutter im Garten. Sie schleppte unsere Kohlenschippe. Jetzt hob sie den Kopf und sah mich, kehrte zurück ins Haus. Nun war es soweit, das spürte ich. Minuten später rief sie mich. Ich griff nach meiner Babypuppe, drückte sie ängstlich an mich. Wieder rief meine Mutter nach mir. Ich rührte mich nicht von der Stelle. Dann aber kam sie und holte mich.

»Jetzt wirst du der Mama Gutes tun.« Es gab kein Entrinnen, meine Stunde war da.

Ich mußte ihren Körper streicheln, mußte ihn küssen und lecken. Ich wollte mich wehren, vergeblich.

Noch heute rieche ich süßes Parfüm, den Schweiß ihres Körpers, den ich so haßte.

Qualvolles Tun, es gab keine Flucht.

»Ich mag nicht«, brachte ich endlich hervor. Meine Mutter tat, als hörte sie nicht. Ihre ekligen Finger bedrängten mich, erniedrigten meinen kleinen Körper. Ich schämte mich, wollte sterben. Besessen war sie von seltsamen Trieben, besessen von Perversität. Wie betäubt ließ ich alles geschehen. Nur langsam rannen die Stunden dahin. Ich stürzte in schmerzhafte Einsamkeit, in fremde qualvolle Tiefen.

Endlich ist ihr Verlangen gestillt, endlich schläft meine Mutter ein. Ich lausche auf die Stille des Hauses, höre auf meine Einsamkeit, das Kind in mir, das weint.

So trieb ich lautlos in schwarzen Wassern, ohne ein schützendes Ufer.

Eine letzte Erinnerung, von ihr will ich noch berichten.

Ich hockte im Wäldchen, im dichten Nebel, kauerte unter dem Rotdorn. Seit Stunden erzählte ich mir Geschichten, Schauergeschichten, von bösen Leuten. Plötzlich stand meine Mutter vor mir.

»Komm ins Haus, wir haben Besuch.«

»Besuch? Wer ist gekommen?«

»Ein netter Onkel, er wartet auf dich.« Sie bückt sich, packt meinen Arm.

»Ich will aber keinen Onkel!« schreie ich. Mein Vater war fort, wer schützte mich?

»Nun komm, du kriegst fünf Mark dafür, dein erstes selbstverdientes Geld.«

Gnadenlos schleift sie mich mit sich. Im Haus drängt sie mich zur Bodentreppe. »Lauf, der Onkel ist oben.« Ein eiserner Griff, es gab kein Entfliehen.

Am Fenster lehnte ein fremder Mann. Ein hagerer Riese mit dünnem Lächeln. »Du weißt schon, wie man mit Männern umgeht?«

»Wir haben die Kleine angelernt.«

Mir schwindelt, ich stürze zur Kammertür. Jage in Panik über den Boden, stolper und falle die Treppe hinunter...

Tiefstes Schweigen umgibt mich.

Stunden später, ich liege im Bett. Diesmal ist es mein eigenes. Mein Vater sitzt wie im Krankenhaus bei mir, fragt, wie das geschehen konnte.

Wieder bleibe ich stumm. Verschweige den Fremden in meiner Kammer, das Reden meiner schrecklichen Mutter.

Tief in mir weint einsam ein Kind. Lautlos weine ich mit...

Etwas zu Laura G.

Wie ich schon erwähnte, haben die Erinnerungen an die sexuellen Übergriffe von seiten des Vaters, der Mutter, des Großvaters oder anderer Personen bei Laura G. tiefste Verwirrung sowie eine schwere Bestürztheit hervorgerufen. Vor allem das von ihr bisher so sorgsam gehütete Vaterbild war mit einem Schlag zunichte. Die guten Gedanken, die Laura an ihren Vater knüpfte, die Liebe, die sie noch Jahre nach seinem Tod für ihn empfand, erwiesen sich seit Beginn ihrer therapeutischen Aufarbeitung als eine nicht aufrechtzuerhaltende Illusion, die sie mit unbeschreiblicher Trauer erfüllte. Es nützte ihr wenig, daß die Identifikation ihrer bisher unerklärbaren Einsamkeit, ihrer seelischen Schmerzen und das damit im Zusammenhang stehende Suchtverhalten begonnen hatte; mit dem Schwinden ihrer Vaterillusion geriet sie gefühlsmäßig in eine Orientierungslosigkeit, die sie an den Rand der Verzweiflung brachte. Er, der wahrhaft einzige Mensch in ihrem Leben, der für Laura Vertrauen und Zuneigung bedeutet hatte, diesen Menschen gab es nicht mehr. An deren Stelle war ein Feind in Erscheinung getreten, ein Fremder, der ihren kleinen Kinderkörper zum Objekt seines sexuellen Verlangens gemacht hatte, und zwar von frühester Kindheit an. Orientierungslos, wie sie war, fühlte Laura sich plötzlich wie eine lebende Zufälligkeit, ohne realen Bezug zur Umwelt, ohne einen Menschen, dem sie sich zugehörig und verbunden fühlte. Unendliche Verlassenheit nahm von ihr Besitz, nicht einmal ihre kleine Tochter Lisa vermochte diese Mauer der Einsamkeit zu durchbrechen. Laura war zu sehr in das Netzwerk ihrer Erinnerungen verstrickt, als daß sie hätte für etwas anderes Interesse entwickeln können. Die bis zu diesen Tagen ihres Lebens schlummernden Kindheitserlebnisse wurden zu lebendigen, sich aneinanderreihenden beklemmenden Momentaufnahmen, die sie traurig und mutlos machten. Bis sie diese als die ihren akzeptieren und annehmen konnte, vergingen mehr als zwölf Monate. In dieser Zeit sprach Laura über das Erinnerte nicht nur mit ihrer Therapeutin, sondern auch mit Frauen aus ihrem Bekanntenkreis, von denen sie hoffte, gehört und verstanden zu werden. Auf diese Art und Weise versuchte sie sich seelisch zu stabilisieren. Doch Trost und Verständnis reichten nicht aus, um den Ausweg aus ihrer Orientierungslosigkeit und Verletztheit aufzuzeigen.

Manchmal verspürte Laura das starke Bedürfnis, ihrem bohrenden Schmerz durch Wutausbrüche Luft zu machen. Doch war Wut ein Gefühl, daß ihre Eltern bewußt durch massive Gewaltakte mit möglicher Todesfolge zerstört hatten. Statt eines gesundes Zornes empfand Laura stets panische Angst und die Bedrohung des Sterbenmüssens; ihre Eltern hatten sie erfolgreich »falsch programmiert«. Diese Falschprogrammierung wurde erst durch den Aufenthalt in der Psychosomatischen Klinik aufgelöst und unwirksam gemacht.

Die Vermutung liegt nahe, daß mindestens einer der beiden Elternteile schon sehr früh, als Laura noch ein Kleinkind war, in Kontakt mit Satansanbetern gekommen ist oder zumindest von deren Praktiken Kenntnis hatte. Denn extreme Gewaltanwendung, wie sie das kleine Mädchen Laura durch Ertrinken, durch Strangulieren oder Ersticken hatte erfahren müssen, gehören in Teufelskulten zu den gebräuchlichen Maßnahmen, um die Opfer widerstandslos zu machen, sie dauerhaft in Angst zu versetzen und für immer zum Schweigen zu bringen. – Laura G. jedoch ahnte nicht, warum und wozu ihre Eltern diese Form der Strafe anwendeten. Noch glaubte sie sich als »normales« Mißbrauchsopfer, das im frühen Kindesalter nichts anderes erfahren hatte, als von den Eltern, Verwandten oder sonstigen Personen sexuell benutzt worden zu sein.

Wenn Laura ihren Körper im Spiegel betrachtete, der trotz ihrer sechsundzwanzig Jahre ungewöhnlich schlank und mädchenhaft war, verfiel sie in schwerste Depression. Sie fühlte sich wertlos, schmutzig und verachtungswürdig, lehnte ihren Körper ab. Bisher hatte sie ihre permanenten Unterleibsbeschwerden, die, wie wir wissen, schon in ihrem zehnten Lebensjahr begonnen hatten, als schicksalhaften, unabänderlichen Bestandteil ihres Lebens betrachtet; als eine Art Bestimmung, mit der sie lernen mußte, umzugehen. Nun aber erkannte sie den wahren Grund für ihr Leiden, und dieses Wissen erniedrigte sie dergestalt, daß nichts blieb als abgrundtiefe Scham. Krampfhaft versuchte sie sich mental von ihrem Körper zu distanzieren, was ihr aber nicht gelang. Zudem spülte ihr aktiviertes Unterbewußtsein unerwartet neue, für sie weitaus schlimmere Begebenheiten an die Oberfläche, so daß es ihr unmöglich wurde, die ersehnte Fluchtmöglichkeit zu ergreifen. Die jetzt in kürzeren Abständen erfolgenden Erinnerungsschübe zeigten für sie derart erniedrigende Begebenheiten auf, daß Laura sich mit einem Gefühl des Verfaultseins in sich selbst zurückzog und mit niemandem über das Erinnerte sprach außer mit ihrer Therapeutin. Für sich allein durchlebte sie noch einmal jene schockierenden Situationen, die sie durch den verstärkten Mißbrauch hatte erleiden müssen.

Zweiter Teil

Ich war jetzt sechs Jahre alt. Wenn ich mich rückblickend betrachte und mich frage, inwieweit mich die ersten Jahre meiner Kindheit unter dem Dach meiner Eltern geprägt haben, so kann ich nur antworten: Sie machten mich zu einem stillen, scheuen Kind, das der Außenwelt fremd und ängstlich gegenüberstand. Nie hatte ich einen Kindergarten besucht, Spielgefährten kannte ich nicht, und von meinem Bruder wurde ich fast immer ferngehalten. Vertraut war mir meine kleine Kammer, unser stilles Haus, das Wäldchen, in dem des Nachts die Käuzchen schrien. Vor meiner Mutter hatte ich Furcht; immer begleitete mich eine unbestimmte Angst. Ich fürchtete ihre Strafen, ihre Schelte und Ignoranz. Am meisten jedoch ängstigten mich ihre sexuellen Übergriffe, von denen ich heute weiß, daß sie mich schon in frühester Kindheit einzuführen begann in die Praktiken lesbisch veranlagter Frauen. Daß sie sadomasochistische Tendenzen besaß, sollte ich später kennenlernen, davon verschonte sie mich als kleines Mädchen.

Meinen Vater liebte ich. Seine sexuellen Übergriffe waren mit Zärtlichkeit verbunden. Tat er mir weh, verdrängte ich diese Augenblicke, ich vergaß sie, sobald »alles« vorbei war. Als meine Einschulung bevorstand, war ich mit Sexualität vertraut wie kein anderes Kind, ohne zu wissen, was sie bedeutete. Scham kannte ich kaum. Doch sollte ich sie bald kennenlernen. Mit meiner Einschulung war ich der Gesellschaft anderer Kinder ausgesetzt. Ich erhielt Einblick in

deren Denken und Fühlen, wurde Zeuge ihrer kindlichen
Ausgelassenheit, ihrer Freiheit und ihrer Spiele.
Wie sehr unterschieden sie sich von mir!
Wieder zog ich mich zurück. Ich hatte mich auf die Schule
gefreut. Sie bedeutete ein Stück Freiheit für mich. Für Stun-
den entkam ich meiner Mutter, die als immerwährende
Bedrohung lange Schatten auf mein Leben warf. Doch nun
erkannte ich, wie anders ich war, wie weit entfernt mein Sein
von dem der übrigen Kinder.
Mein Leben verdunkelte sich. In jeder Hinsicht.

Der Sommer neigte sich seinem Ende zu. Dennoch herrschte
brütende Hitze. Seit Tagen regte sich kein Lüftchen, keine
Wolke zeigte sich am Himmel, und das Gras in unserem
Garten glich braunen, verdorrten Stoppeln, die den sandigen
Boden bedeckten. Träge Schwüle umspann unser Haus, das
Wäldchen, lähmende Stille, wohin ich lauschte. Nur am
Abend zirpten die Grillen, bis in die späte Nacht waren sie zu
hören. Dieser seltsame Gesang, der monoton und durch-
dringend war und kein Ende zu kennen schien; der Inbegriff
einer Sommernacht.
Ich schweife zurück, sehe im Geist meinen Vater, der im
Schatten des Holunders ruhte, auf der einzigen Liege, die wir
besaßen. Er war krank, schwere Koliken quälten ihn. Dem
Schmerz ergeben und wortkarg, dämmerte er in der Schwüle
des Tages vor sich hin. Zum Ärger meiner Mutter, die nicht
duldete, daß mein Vater krank daheim blieb, während sie mit
meinem Bruder Tag um Tag in die Wäscherei ging, um dort
ihre Arbeit zu tun. Auch sorgte sie sich um Geld. Meinem
Vater drohte die Kündigung. Der Schneiderbetrieb war klein,
die Angestellten knapp bemessen. Jeder wurde gebraucht.
Vor allem mein Vater, der gelernter Meister war. In letzter
Zeit aber fehlte er oft. Immer plagte ihn irgendein Leiden. So
blieb er zu Hause, lag auf der Liege und ruhte, statt zur

Arbeit zu gehen. Ärger und Spannung prägten den Tag, hervorgerufen durch die stumme Wut meiner Mutter. Während dieser Zeit fand meine Einschulung statt.

Zur Feier dieses besonderen Tages kamen meine Großeltern angereist. Meine herbe, hagere Großmutter, zu der ich keinen Kontakt hatte, mein Großvater, der mir dunkel und drohend in Erinnerung geblieben war, verschwommene Bilder, vor denen ich unbewußt flüchtete. Mein Großvater flößte mir Furcht ein. Auch hier in unserem Haus verfolgten mich seine Blicke. Sie hingen an mir, tasteten mich ab, verschlangen mich. Ich floh, suchte die Nähe meines Vaters. Bei ihm fühlte ich mich sicher, er bedeutete Schutz, trotz seines geschwächten Zustandes. So kam der Tag meiner Einschulung. Ich stand im Badezimmer, vor dem Spiegel, zusammen mit meiner Mutter, die ausnahmsweise friedlich war, fast freundlich. Sie war dabei, mir beim Anziehen zu helfen. Streifte mir das neue Kleidchen über, das mein Vater eigens für diesen Tag genäht hatte, bürstete mein Haar und band eine Schleife hinein. Mein Großvater erschien in der Tür. Stumm sah er zu, mit seitlich geneigtem Kopf und einem Lächeln, das seine starken Zähne entblößte und mich ängstigte.

»Was für ein hübsches Kind du bist.« Er kam auf mich zu, wollte nach mir greifen. Erschrocken wich ich zurück, begleitet von dem dunklen Gelächter meiner Mutter. Sie maß ihn spöttisch. »Immer noch der alte, wie?«

Statt einer Antwort verbreitete sich sein häßliches Grinsen, dazu schlug er ihr auf das Hinterteil. Meine Mutter wehrte ab. »Die Zeiten sind vorbei, mein Lieber.«

Verschlagen lachte mein Großvater. »Vorbei? Du weißt doch, ich steh nur auf kleine Mädchen, je kleiner, desto besser, erinnerst du dich?«

Ich wurde unruhig. Beklommen glitten meine Augen von einem zum anderen; vertraute Furcht stieg in mir auf. Sie war grundlos. Meine Mutter drängte meinen Großvater zur Seite, mir galt ihr prüfender Blick, bevor sie mich durch die Tür in den Flur schob. »Es wird Zeit«, sagte sie knapp. Mein Vater begegnete uns, er war im Schlafanzug, war unrasiert und nicht gekämmt. Schwach und hinfällig wirkte er. Ich sah an ihm hoch, erwartete seinen Abschiedskuß. Ich bekam ihn, flüchtiger als sonst. »Später erzählst du mir alles.« Mehr sagte mein Vater nicht. Er wandte sich um, schlurfte zurück in das Schlafzimmer. Ich schaute ihm nach, in trauriger Enttäuschung, mein Vater ließ mich allein. Lieferte mich meinem gefürchteten Großvater aus, meiner verhaßten Mutter. Und das an meinem ersten Schultag.

Draußen wartete meine Großmutter auf uns. Sie stand an unser Auto gelehnt, hielt Finch an der Hand, der mir trotzig entgegensah. Ein Tag wie dieser gefiel ihm nicht, ich stahl ihm seine Mutter. Finch trug seine Sonntagshose, dazu ein weißes Hemd. Es war nicht sein Tag, doch war er rausgeputzt wie ich, durfte uns begleiten. Wir musterten uns, zwei kleine Feinde, das waren wir nun, dank unserer Eltern und ihrer Erziehung. Wir kletterten ins Auto, schwiegen, während wir durch das Wäldchen stadteinwärts fuhren. Auch die Erwachsenen sagten nichts. Seltsame Fahrt, sie bedrückte mich. Ich war froh, als die Schule in Sicht kam, ein dunkelroter Backsteinbau mit tausend gläsernen Augen. Jedes einzelne stierte mich an, stellte mir lautlose Fragen. Neue Unruhe erfaßte mich. Nie hatte ich unser Wäldchen verlassen, und wenn doch, so nur, um mit meinem Vater auf den Jahrmarkt zu gehen. Hier vor der Schule war es anders. Menschen drängten sich hin zum Eingang, viele Kinder, die wie ich in Sonntagskleidung waren, sich fröhlich gaben. Sie waren nicht so still wie ich, schienen sich nicht zu fürchten. Meine Unruhe wuchs. Ich sehnte mich nach unserem Wäldchen, das mir Schutz bot, wünschte meinen Vater herbei. So trieb ich verwirrt und hilflos in der Menge, wurde von meiner Mutter die langen Gänge entlanggezerrt, die in unseren Klassenraum führten. Fremde Kinder umgaben mich, stierten mich an, meine grellgeschminkte Mutter. Wieder wollte ich fort, hin ins stille Wäldchen, in meinen alten Rotdorn. Die Lehrerin redet, man drückt sich die Hände, stellt einander vor. Meine Mutter drängt sich vor. »Meine Tochter kann schon rechnen«, sagt sie. Die Lehrerin mustert mich zweifelnd.

»Auch schreiben kann Laura schon.« Meine Mutter streicht mir über den Scheitel, drückt mich an sich. Ich zucke zusammen, erschrecke.

»Hat mein Papa mir beigebracht«, stotter ich.

»So, dein Papa...« Noch einmal ein zweifelnder Blick, ein flüchtiges Lächeln. Die Lehrerin wendet sich ab, dem nächsten Kind zu.

Meine Gedanken schweifen zu meinem Vater, der mich in den vergangenen Monaten auf die Schule vorbereitet hatte. Ich sollte eine gute Schülerin werden, ein fleißiges Kind, vielleicht sogar die Beste in der Klasse. Das war seine große Hoffnung. So lehrte er mich rechnen und schreiben. Ich lernte leicht, er lobte mich. »Du bist ein kluges Mädchen.« Seine Freude brachte er zum Ausdruck, indem er mich liebkoste, streichelte. Vergehen tat er sich in solchen Augenblicken nicht an mir, die Sache war ihm zu wichtig und ernst. Doch zärtlich war er immer.

Ich sah mich um. In Gedanken war ich gewesen, hatte bei meinem Vater verweilt, nicht gemerkt, daß wir die Schule verließen. Zur nahe gelegenen Kirche ging es. Dort sollten wir Kinder den Segen erhalten, zusammen mit unseren Eltern, mit unseren Verwandten. Gott als schützender Geist über allem. Schon traten wir in die schattige Kühle des Gemäuers. Meine Großmutter schob mich ins Kirchengestühl, in die Bank, wo schon mein Großvater saß. Er rückte zu mir, sah auf mich nieder, mit seltsamem Blick in den Augen. »Na, mein kleiner Rotschopf.«

Ich tat, als hörte ich nicht. Auch seine Hand überging ich, die nach meinem Knie tastete, darauf liegenblieb und es zu streicheln begann. Alles in mir wehrte sich, mein Herz klopfte, laut dröhnte es in meinem Ohr. Ich fürchtete diese klobige Hand, hatte sie nicht vergessen.

Der Pfarrer erschien. Wie ein schwarzes Segel trieb er durch die Mitte des Kirchenschiffes, verbeugte sich vor dem Christuskreuz, hielt seine Ansprache. Ich saß und sehnte das Ende herbei. Nach dem Segen endlich war es soweit. Ich drängte aus der Kirchenbank, floh vor meinem Großvater, stürzte zu unserem Auto. Hier war ich sicher. Bald kam meine Mutter, meine Großmutter folgte ihr mit Finch an der Hand. Sie öffnete den Kofferraum, fischte zwei Schultüten heraus. Gestreift die eine, mit Punkten die andere, die mit Streifen war größer. Die Augen meiner Mutter gleiten über mich, sie lächelt kaum merkbar, bevor sie Finch eine Schultüte gibt – die mit Streifen, die größer ist. Finchs Gesicht beginnt zu leuchten, zum erstenmal ist Freude in ihm.

Nicht in mir. Stumm stehe ich da, mit der Schultüte, die viel kleiner ist als die meines Bruders. Zögernd hebe ich den Kopf, sehe meine Mutter an. In ihren schwarzen Augen nistet die Bosheit, ihr Gesicht zeigt offenen Triumph. Sie hat gesiegt, hat mich tief getroffen. Das dient ihrer Befriedigung. Ich senke den Kopf, meine Enttäuschung will ich verbergen, die aufsteigenden Tränen. Im Geiste fliehe ich zu meinem Vater, suche Trost und Schutz bei ihm.

Zu Hause laufe ich zu ihm. Mein Vater steht am Schlafzimmerfenster, er erwartet mich. Ich stürze auf ihn zu, vergrabe mein Gesicht in den Falten seines Bademantels, beginne zu weinen. Meine tiefe Enttäuschung schluchze ich heraus, den Haß gegen meine Mutter.

»Mein kleines Mädchen, nicht weinen.« Er streicht mir über das Haar, spricht mir Trost zu. Leise und zärtlich dringt seine

Stimme an mein Ohr. Ich fühle Geborgenheit, fühle mich geschützt.

»Mein kleines Mädchen.« Mein Vater verschließt die Schlafzimmertür, setzt mich auf das Bett. Zieht mir mein Kleidchen über den Kopf, beginnt mich zu liebkosen. Schließlich streckt er sich neben mir aus.

»Mein Kleines.« Er drängt sich an mich, reibt sein Geschlecht an mir. Ich schließe die Augen, erwarte das, was kommen muß. Plötzlich hält mein Vater inne, stöhnt, fährt auf. Unerträgliche Schmerzen hat er, eine Kolik erfaßt ihn. Dennoch schickt er mich nicht fort. Er duldet, daß ich bei ihm bleibe, sehe, wie er leidet. Niemand fragt nach uns, keiner kommt und klopft an die Tür. So schwindet dieser Nachmittag. Stille Stunden in drückender Schwüle. – Endlich kommt Wind auf, eine drohende Wolkenwand steigt über dem Wäldchen auf. Ich sehe es, stehe am Fenster, das ich geöffnet habe. Ein Luftzug streift meinen Vater, tief atmet er durch. Ich kehre zurück zu ihm, kauer mich neben ihn, halte seine schwitzige Hand. Von fern höre ich dumpfes Grollen, der Himmel redet in düsteren Stimmen, fast schwarz ist seine Stirn. So hocke ich da, ohne Furcht. Mein Vater ist bei mir, was brauche ich mehr...

Vergessen ist die Einschulung, vergessen die Tüte mit Punkten...

Trotzdem ich vergaß, etwas geschah. Dieses Ereignis führte zum Bruch mit meinem Bruder. Die tiefe Enttäuschung ließ mich ihn hassen, mehr als mir damals bewußt war. War das das Ziel meiner Mutter? – Ich wußte, sie hielt mich fern von Finch, duldete nicht, daß wir spielten. Entfremdung war die Folge, doch das war bislang alles.

Daß er nun aber eine Schultüte erhielt, eine schönere und größere, das verzieh ich ihm nie. Mein Zorn ihm gegenüber war dauerhaft, war unauslöschlich. Obschon Finch keine

Schuld trug, wurde er mir zum unausgesprochenen Feind. Von nun an richtete ich meine Gefühle gegen ihn. Meine stumme Wut, meine Ängste, meine Einsamkeit. An allem war Finch, mein Bruder, schuld. Es war nicht gerechtfertigt, doch half es mir, zu überleben. Finch konnte ich böse Blicke senden, ihn zornig anstarren, ihm die Zunge rausstrecken. All die Dinge gegen ihn tun, durch die meine innere Aggression zum Ausdruck kam. Mein kleiner Bruder strafte mich nicht wie meine Mutter. Er gab sich wehrlos, er war es auch. Er war zu still, um laut zu werden. So konnte ich ihn hassen, stumm, niemand merkte es.

Seit drei Wochen ging ich jetzt zur Schule. Noch immer brannte die Sonne vom Himmel, obwohl bereits September war. Gelbe Schleier durchwirkten das Wäldchen, die Schwalben waren fortgezogen, nur die Grillen zirpten.

Fast täglich saß ich im Garten. Mein Platz war unterm Holunderbusch, dessen Zweige Schatten warfen, auf mich, auf meinen Vater, der noch nicht genesen war. Wie immer lag er auf der Liege, dämmerte in der Wärme vor sich hin oder hörte zu, wenn ich versuchte, ihm vorzulesen. Ein wenig lesen konnte ich schon. Wir fühlten uns sicher, mein Vater und ich. Hier waren wir fern meiner Mutter. Wir hörten ihr Gezeter nicht, ihren Groll gegen meinen Vater. Er hatte seine Arbeit verloren. Jetzt war er arbeitslos, bezog sein Geld vom Arbeitsamt. Es war nicht viel, so gab es auch darum Streit. Mein Vater ignorierte die Vorwürfe meiner Mutter, wie alles, was sie sagte und tat. Mit mir flüchtete er in den Garten, ich war sein Trost, seine Freude. Daß ich bedrückt war, ahnte er nicht. Neue Ängste plagten mich. Es war die Furcht vor der Schule, vor den Lehrern, den vielen fremden Kindern. Jeder Tag beklomm mich, stieg wie ein riesiger Berg vor mir auf, unendlich hoch mit fernem Gipfel, bedrohlich und unerreichbar. Die Schule war mir nichts als Qual; wie war ich doch anders als andere Kinder. Ich kannte weder Spiele noch Scherze, wußte nicht, wie zu johlen war, zu toben, Fremde zu ärgern. Stumm stand ich da und sah zu. Es war, als ob sie sich Jahre kannten, mich hingegen nahm man nicht wahr, zu still war ich, zu schweigsam. Manchmal versuchten mich die Kinder einzubeziehen, in ihr Spiel, in ihre Ausgelassenheit. Doch ich gab mich linkisch, wie dumm tat ich. So verloren sie das Interesse an mir, ließen mich stehen oder hänselten mich. Verlassen und einsam fühlte ich mich, glich einem Puzzleteil, das nirgendwo hingehört.

Zu Hause verschwieg ich diesen Umstand. Mein Vater sollte nicht traurig werden, ich wußte, er würde bekümmert sein. Was sollte ich da von der Schule erzählen? Sein Zustand wurde ohnehin ernst. Nach Tagen kam er ins Krankenhaus, es ließ sich nicht mehr umgehen. Zurück blieb ich mit meinen Ängsten. Ich entfloh in meine Traumwelt. Stellte ein Heer von Riesen auf, baute ihnen ein großes Schloß. Die Riesen sollten mich schützen. Sie sprachen mit mir, machten mir Mut, wenn die Furcht mich erdrückte. Bald wich meine Angst, ich fühlte mich stark. Auch ohne meinen Vater, fünf Tage war er jetzt fort, das Ende war noch nicht abzusehen. Da kam mein Großvater zu uns. Er sollte meiner Mutter zur Hand gehen, sie unterstützen, solange mein Vater im Krankenhaus war. Jäh war alles dahin. Schwarze Schatten senkten sich auf mich, umwucherten unser Haus, meine Kammer. Jetzt war ich wieder voll Furcht. Gefahr in Gestalt meines Großvaters, ich hatte sie nicht vergessen. Nicht den schrecklichen Schweinestall, nicht den brütenden Nachmittag. Ich mied meinen Großvater. Wo ich konnte, wich ich ihm aus. Obschon er durchaus nett zu mir war, anders als auf dem Hof. Auch meine Mutter schien verändert, freundlich war sie, ausgeglichen. Keine Spur von Wut oder Kälte. Ihre Herrschsucht war wie ausgelöscht, ihr Drang nach Macht war verschwunden.

Was auffiel, war die Vertrautheit. Die unsichtbaren Fäden, die sie und meinen Großvater zu verbinden schienen. Sie warfen sich seltsame Blicke zu, tauschten ein heimliches Lächeln. Mir galt es, dem kleinen Mädchen. Ich ahnte nichts von ihrem Plan.

So flossen die ersten Tage dahin, stille, farblose Stunden. Dennoch spürte ich Unruhe. Sie schlich mir nach wie ein gläserner Schatten.

Vier Tage war der Großvater bei uns, da endlich begann es zu regnen. Der Himmel war grau, von Wolken verhangen, zeigte er das Ende der Hitze an. Ich war auf dem Nachhauseweg. Hatte die Schule hinter mich gebracht und lief im kühlen Regen durchs Wäldchen hin zum Haus. Meine Mutter saß in der Stube. Sie nähte. Mein Großvater leistete ihr Gesellschaft. Er lehnte im Sofa, mit Finch auf seinem Schoß, machte ein paar Glossen und Späße. Zum erstenmal lachte mein Bruder. Ich stand in der Tür und sah zu. Meine Mutter blickte von ihrer Näharbeit auf. »Sag dem Opa dein Lieblingsgericht.« Sie legte ihre Nadel beiseite, winkte mich zu sich heran. Zögernd ging ich auf sie zu, tiefes Mißtrauen erfaßte mich.

»Nun sag schon, dummes Kind.« Ihre Stimme verriet Ungeduld.

»Pfannekuchen mit Äpfeln.«

Mein Großvater nickte anerkennend. »Wie wär's damit heute mittag?«

Er setzte Finch auf den Boden, fuhr sich über seinen blanken Schädel. Sein breites Grinsen stellte sich ein, seine Augen schnellten zu meiner Mutter. Die schob mich von sich. »Nun sag schon, möchtest du Pfannekuchen?«

Die Versuchung war groß. Selten gab es mein Lieblingsgericht, meine Eltern mochten keine süßen Speisen. Ich verscheuchte mein Mißtrauen und nickte eifrig.

»Dann komm in die Küche zum Opa.«

Zum Opa in die Küche? – Düstere Ahnung, da war sie wieder. Meine Mutter stand auf, nahm mich bei der Hand. Ich sprang zurück, kroch unter den Tisch. Ängstlich sah ich von einem zum andern. Mein Großvater kam auf mich zu. Seine Hand glitt in die Hosentasche, er zog eine silberne Münze hervor. »Für dich«, so lockte er mich. Dann kniete er nieder und faßte nach mir, zerrte mich in die Küche. Mein Bruder Finch wurde eingesperrt, sie schlossen ihn in die Stube ein, trotzdem er laut zu jammern anfing.

Die Küche sah nicht aus wie sonst, etwas war verändert. Über den Tisch war ein Laken gebreitet, auch stand eine Schüssel bereit. Ich roch die Säure von Essigwasser. Ich riß mich los, wollte fort. Meine Mutter versperrte den Weg. Entrinnen war mir nicht möglich. Sie beugte sich zu mir, kniff mir ins Ohr. »Du wirst gehorchen, hast du verstanden? Sonst kriegst du Schläge, nicht Pfannekuchen.«

Mein Großvater zeigte Gelassenheit. Er setzte sich auf den Stuhl vor dem Fenster, winkte mich wohlwollend zu sich. »Du brauchst dich nicht zu fürchten, mein Kind.« Er hob mich auf seinen Schoß. Währenddessen nahm meine Mutter Speiseöl, goß ein wenig davon in den Kochtopf, wärmte es auf dem Elektrokocher. Sie drehte sich um und lächelte häßlich.

»Nun komm«, sie nahm das Öl in dem Töpfchen.

Mein Großvater wurde unruhig, seine Hand fuhr unter mein Kleidchen.

»Ein feines Spiel macht der Opa mit dir.«

In stummem Entsetzen sah ich ihn an, ich wußte, ich war verloren.

»Gleich bist du Häschen und Opa der Jäger.« Er streifte mir mein Kleidchen ab, das Hemdchen, den rosa Schlüpfer, setzte mich auf den Tisch. Er selbst begann seine Hose zu öffnen, rieb sein Geschlecht mit dem Speiseöl ein, die Augen stets auf mich gerichtet.

»Jetzt krabbelt das Häschen über den Tisch.« Unvermutet packt er mich. Ich stiere erstarrt zu meiner Mutter; am Schrank lehnt sie, mit verschränkten Armen, saugt ein, was sie zu sehen bekommt, heiser und lustvoll lachend.
Sie dreht sich, wie auch die Küche sich dreht, Schwindel stürzt mich in Dunkelheit.
Ich treibe im schwarzen Strom meiner Kindheit, ohne rettendes Ufer.
Später. Alles ist vorbei. Nach und nach erwache ich, die Dunkelheit weicht, wieder sehe ich die Küche. Meine Mutter, die den Topf ausspült, meinen Großvater, der sich den Gürtel zuschnallt. Beide tauschen zufriedene Blicke, beide haben erreicht, was sie wollten, jeder fand seinen Spaß. Meine Mutter greift nach der Schüssel mit Wasser, näßt einen Lappen, beginnt mich zu waschen. Tränen schießen mir in die Augen, überall spüre ich schreckliches Brennen, ein Feuer, das mich schreien läßt. Keine Gnade finde ich, unbarmherzig spült sie mich aus. Mein Großvater sitzt am Küchenfenster, wirft uns verstohlene Blicke zu. Daß ich schreie, mißfällt ihm.
Nach Ewigkeiten bin ich fertig, nach Ewigkeiten folgt der Lohn. Wir sitzen zusammen am Stubentisch, essen gezukkerte Pfannekuchen mit Äpfeln, Nüssen und Zimt. Ein schwacher Trost, doch er tröstet mich. Dies eine Mal wird nie mehr passieren! Schon ist alles vergessen. –
Dies eine Mal? Ein bitterer Irrtum. Der Anfang war es von langer Qual. Mein Großvater präparierte mich für Leute seinesgleichen. Im Beisein meiner Mutter geschah es, mit Wissen meines Vaters. Dennoch muß ich gestehen, ich gewöhnte mich an sein Kommen. Den wirklichen Geschehnissen entging ich. Irgend etwas schützte mich. Nie war ich ganz bei Sinnen, nie empfand ich den wahren Schmerz. Das, was danach kam, war mir Trost. Immer aßen wir in der Stube, immer gab es, was ich mir wünschte. »Danach«, das

war mein Schönstes, es war wie ein kleines Familienfest. Später saß auch mein Vater dabei, er kam, wenn alles vorüber war. Häufig brachte er Gutes mit, trug auf diese Weise zum Fest bei. Mag es auch noch so merkwürdig scheinen, ich lernte, nur das »Danach« zu sehen, lernte, zu überleben.

So floß der Sommer dahin. Einem dunklen Strom ohne Glitzern glich er, ohne lichtes Wolkenspiel. Trotzdem gab es Freude für mich. Seit ich zur Schule ging, ließ mir meine Mutter Freiheit. Ich durfte im Wäldchen spielen, durfte in die Siedlung, auch hin und wieder in die Stadt. Darauf jedoch verzichtete ich, fremde Menschen fürchtete ich.
Noch immer hatte ich keine Freunde. So blieb ich für mich, lebte mein eigenes kleines Leben, streunte umher. Manchmal lief ich durch das Wäldchen entgegengesetzt der Siedlung. Ich wollte zum Bahndamm, der sich als silberner Strang durch die Wiesen zog. Nur selten fuhr hier ein Zug. Geschah es doch einmal, sah ich zu, wie sich die rostigroten Güterwaggons durch die Weite schoben. Wie gern wäre ich aufgesprungen, wie gern wäre ich mitgefahren in ein fernes unbekanntes Land, in dem ich sicher war und ohne Furcht leben konnte. So stand ich an den Geleisen, träumte dem endlosen Zug hinterher, bis er meinen Blicken entschwand. Doch auch wenn kein Zug zu erwarten war, verbrachte ich Stunden am Bahndamm. Ich dachte an meinen Vater, der eine neue Arbeit gefunden hatte. In einer kleinen Stoffweberei bekleidete er den Pförtnerposten. Oft hatte er Schichtdienst, so daß ich nie wußte, wann er nach Hause kam. Ich vermißte meinen Vater. Mir selbst überlassen, hockte ich in der Stille des Nachmittags und bestaunte die Wiesen, die bereits gemähten Kornfelder. Unendlich erstreckten sie sich vor meinem Auge, einsam gelegen unter Wolkengiganten, die von Sonne beschienen sich über mir

türmten. Ich schmückte sie mit wildem Farn, mit Gras und welken Sommerblumen. Schon bewohnte der Herbst das Land.

War ich meines Wolkenspiels müde, trabte ich weit die Geleise entlang. Bis ich an einen Bach gelangte, an einen verwilderten Garten; mit Brombeergesträuch und alten Bäumen, in deren Schatten ein Gartenhaus stand. Es wurde meine Zuflucht. Ein Schloß, das mir allein gehörte; hier fühlte ich mich wohl und sicher.

Ich sprach zu meinem Vater davon; das wurde mir zum Verhängnis.

Wieder saß ich am Bahndamm, träumte wie oft unter Wolkentürmen. Da sah ich von fern eine Gestalt: mein Vater. Er kam mit seinem Gewehr in der Hand, sein Gang war sonderbar schleppend.

»Hier also treibst du dich rum.« Er stieß mich an und lachte hart. Ich sah, daß mein Vater Schmerzen hatte, sein Gesicht war verzerrt und dunkel. »Zeig deinem Papa die alte Hütte.« Der Lauf des Gewehrs zielte auf mich. Wie versteinert saß ich da. »Was machst du, Papa?« flüsterte ich.

»Was machst du, was machst du? Wir spielen!« Er drückte mir den Lauf in die Seite. »Du bist der Räuber, ich Polizist; ich führe dich ab, nun geh schon.«

Wie im Schlaf gehorchte ich. Ich stolperte die Geleise entlang, bis hin zum verwilderten Garten.

»Ein feines Plätzchen«, knurrte mein Vater. Er stieß die Tür zum Häuschen auf, winkte mir, ihm zu folgen. Düstere Ahnung, ein Anflug von Angst. Mein Vater wurde ungeduldig. »Nun mach, dein Papa wartet.«

»Ich mag nicht, ich will draußen bleiben.«

Mein Vater sprang auf mich zu. »Was du willst, bestimme ich!« Er packte mich am Handgelenk. Jetzt roch ich den scharfen Geruch von Schnaps. Mein Vater hatte getrunken. Er zwang mich, vor ihm niederzuknien, in einer der staubigen Ecken. Mit düsterem Grinsen sah er mich an, begann den Gürtel der Hose zu lösen.

»Hier sind wir beide ganz ungestört.«

Ich sah zu Boden, gelähmt vor Angst. Mein Vater war so anders als sonst. Er setzt sich auf die Fensterbank, zieht mich auf seinen Schoß. Zärtlich küßt er mir den Nacken, flüstert heiser von Liebsein. Ich bin wie erstarrt, ich wehre mich nicht.

»Komm«, stößt mein Vater rauh hervor.

Draußen gurgelt leise der Bach, Grillen zirpen, sonst höre ich nichts. Mein Vater bedrängt mich mit seinem Geschlecht. Ich schließe die Augen, lasse mich fallen, entfliehe dem Schmerz, meinem Vater. Die Grillen verstummen, das Gurgeln des Baches, nichts als lautloses Schwarz umfängt mich, trägt mich in schweigendes Nichts.

Ich weiß nicht, wie lange ich fort war. Irgendwann komme ich zu mir. Mein Vater hält mich umfangen, er streichelt mich, tröstet mich mit sanften Worten. Er bittet mich um Entschuldigung.

»Dein Papa hat getrunken.«

Er spricht davon, nicht böse zu sein. Schweigen soll ich, von allem nichts sagen. Dafür erhielte ich ein Geschenk. Noch heute, verspricht er, wenn ich es wünsche. Er würde mir einen Drachen kaufen, mit bunten Bändern und Federn.

»Weißt du, der Papa hat starke Schmerzen; nur deshalb hat er Schnaps getrunken.«

Er schließt seine Hose, drückt mich an sich. »Wenn du erst mal groß bist.« Er zieht mir meinen Schlüpfer hoch, streicht mir flüchtig das Kleidchen glatt. Dann treten wir vor die Hütte, streifen durch den Garten zum Bahndamm. Das Silber der Schienen blitzt in der Sonne, mein Vater nimmt meine Hand. Wir schlendern gemeinsam im Abendrot, sein goldenes Licht benetzt die Wiesen, die braunen Felder, den Schienenstrang.

»Bist du mein kleiner Sonnenschein?« Mein Vater drückt meine Hand. Ich nicke und sehe zu ihm auf. Mein Vater ist lieb, mein Vater ist gut, er ist mein ein und alles.

Mein Vater. Er verstand es immer wieder, auf eine mir heute rätselhafte Weise mein Vertrauen zu gewinnen. Immer gelang es ihm, meine verschwommene Furcht vor ihm schwinden zu lassen. So vergaß ich seine Übergriffe, warf sie in den Brunnen meines inneren Schweigens. Umhüllt von der Zärtlichkeit meines Vaters ruhten sie dort, als seien sie nie geschehen. Hinzu kamen die kleinen Geschenke, die er mir machte. Sie ließen mich mein düsteres Leben ertragen, schenkten mir hin und wieder Freude. Erst später wurde das anders, als ich älter wurde.
Der Herbst neigte sich seinem Ende zu. In der Schule machte ich Fortschritte. Trotz meines häuslichen Traumas fiel mir das Lernen leicht. Ich gehörte zu den Besten der Klasse. Die Lehrer sparten nicht mit Lob. Doch keiner von ihnen ahnte, daß mein kindliches Leben geprägt war von Vergewaltigung und sexuellen Übergriffen. Meine Mutter zwang mich zu sich ins Bett; regelmäßig besuchte uns mein Großvater und mißbrauchte mich. Die Angelfreunde meines Vaters erschienen und erwarteten, daß ich vorgeführt und gewaschen würde, bevor ich nackt in der Stube umhersprang. Scheu empfand ich keine; was schon war ich anderes gewohnt? Ich diente zur Unterhaltung, auf verschiedene Weise.
Nur wenn die Nagels kamen, war meine Gegenwart nicht erwünscht. Dann mußte ich hinauf in meine Kammer, mußte allein ins Bett. Dort lag ich und lauschte ins Dunkel. Horchte auf diese seltsamen Nächte, in denen sich stets das gleiche abspielte. Erst Gerede in der Stube, danach das schrille Lachen der Frauen; aus dem Schlafzimmer drang es zu mir. Nach Mitternacht war alles zu Ende, man fuhr davon.

Bis auf den Gärtner, der blieb. Unter meinem Fenster saß er, hörte über einen Transistor den Polizeifunk ab. Seltsames Leben in unserem Haus. Kamen Dora und Ecke Lau, geschah ähnliches. Immer hörte ich Reden, immer das schrille Lachen der Frauen.
Es beklomm mich. Doch was sie trieben, wußte ich nicht. Ich hatte Angst, das war alles.

Der Herbst verging, ohne daß sich etwas änderte. In der Schule blieb ich Außenseiter, niemand wollte mich. Ich hatte keine Freunde, blieb weiterhin für mich. In jedem Winkel saß Einsamkeit. Manchmal ging sie. Doch schon nach kurzem kehrte sie wieder. Mein Gefühl von Fremdheit verstärkte sich. Immer war ich mir bewußt, daß ich anders war als die übrigen Kinder. So hielt ich mich stets im Hintergrund. Doch eines Tages wurde es anders. Lena wandte sich mir zu, ein Mädchen aus meiner Klasse. Lena war klug, war den anderen weit voraus. Sie merkte wohl, daß ich immer allein war, daß ich keinen Anschluß fand. Wie ich war Lena eine der Besten. Sie kam auf mich zu, suchte ohne zu fragen meine Gesellschaft. Schließlich gab ich nach, verbannte mein Alleinsein, mein Mißtrauen gegen andere Kinder. Ich nahm Lenas Freundschaft an. Wir spielten, erzählten uns etwas. Lena wohnte in der Siedlung, nicht weit von unserem Wäldchen, in dem wir oft zu sehen waren, verfolgt von der Unruhe meiner Mutter. Würde ich Lena etwas verraten? Und wenn ich es täte, was würde es sein? Doch nichts ließ ich verlauten. Nie spreizte ich meiner Puppe die Beine, schwieg mich aus über das Babyspiel. Selbst die Hütte verheimlichte ich. Kein Wort von allem sagte ich. Trotzdem ging unsere Freundschaft zu Bruch. Sie fand ein jähes Ende.
Ich weiß genau, der Tag war grau, sturmdurchweht mit peitschendem Regen, wie viele, die ich entsinne. Mich jedoch traf das nicht, ich war voller Freude. Zum ersten Mal war ich

eingeladen. Ich war unserem düsteren Haus entkommen, meiner Mutter, der Angst. In Lenas Zimmer saß ich, dort durfte ich bleiben, die Nacht über schlafen, den Sonntag verbringen. So hatten wir es abgemacht. Meine Eltern hatten zugestimmt, erlaubten mir das Abenteuer. Lena und ich spielten. Wir malten, schnitten Sterne für Weihnachten aus. Lenas Mutter brachte uns Plätzchen, sah uns lächelnd zu. Was für verzauberte Stunden; ich spürte Glück, zum erstenmal. Ein Glück, das seinen Schatten hatte. Wieso war alles anders hier? Was war es, das mich lachen ließ? Unbeschwert und fröhlich sein? Dunkles Grübeln, ich ließ es. Schließlich kam der bittere Abend.

Wir hatten gemeinsam gegessen, uns etwas erzählt. Nun war es Zeit zum Schlafengehen. Ich bat um eine Schüssel mit Wasser. Sie trug ich in die Stube, wo Lenas Vater saß, zusammen mit ihrem Bruder. Schon streifte ich die Kleider ab, nicht anders als bei uns daheim, wenn mein Vater mich vor den Freunden wusch. Ich hoffte auch hier auf Bewunderung. Ich wollte meine Dankbarkeit zeigen.

Nichts geschah, nur eisige Stille. Entsetzen und Staunen begegneten mir.

»Hör mal, Laura, was tust du da?« Lenas Vater kam auf mich zu. Zum erstenmal spürte ich tiefe Scham, ich merkte, daß ich Falsches tat. Verlegen sah ich zu Boden. »Nichts tue ich, ich wasche mich nur.«

»Du wäschst dich vor fremden Leuten?«

Ich wußte nichts zu sagen darauf. Dann aber siegte der Trotz über mich. »Ich wasche mich so wie zu Hause.«

Der Vater befahl mir, mich anzuziehen, ich müsse heim meinte er. Lena kam und sah zu. »Du ziehst dich vor anderen aus?« Das war alles, was sie sagte. Dann brachte ihr Vater mich fort. Er fuhr mich zurück zu unserem Haus, düster stand es im Abendlicht, umfangen von herbstlicher Stille. Mein Vater trat vor die Tür. Hinter ihm sah ich meine Mutter, mit finsteren Blicken maß sie mich. Noch war Lenas Vater entrüstet, er schilderte, was geschehen war. Verbot in Zukunft jeden Kontakt. Schweigend hörte mein Vater zu, in stummem Zorn meine Mutter.

Was sie dachten, sagten sie nicht; doch alles wurde wie vorher. Ich durfte nicht das Grundstück verlassen, keinen Schritt aus dem Wäldchen tun. Wie gefangen lebte ich, ein kleines Tier ohne jegliche Freiheit. Jetzt blieb mir nur meine Traumwelt. Dort hinein verkroch ich mich. Mein stilles Schloß hieß Einsamkeit, im Garten blühte Angst. . .

Mein Vater begann wieder zu kränkeln. Er klagte über Schmerzen, über Mattigkeit. Wieder versäumte er seine Arbeit, wieder blieb er daheim im Bett. Und wieder geriet meine Mutter in Wut. Sie hackte auf meinem Vater herum, nannte ihn einen Schwächling, einen Nichtsnutz und Versager. Mein Vater reagierte mit Schweigen. Nicht eine einzige Antwort gab er; auf solche Weise rächte er sich.

»Wir werden noch verhungern«, zeterte meine Mutter. Sie befürchtete, daß meinem Vater gekündigt würde. Die Sorge ums Geld ließ sie nicht los. Meinem Vater war das gleich. Er verweigerte das Essen, blieb im Bett und täuschte Schlaf vor. Sobald meine Mutter mit Finch aus dem Haus war, kam Leben in ihn. Er suchte Trost bei mir, jammerte über meine Mutter, beklagte sein Schicksal. Am Ende flehte er mich an, zu ihm ins Bett zu kommen, ihn nicht allein zu lassen. Ich verweigerte seinen Wunsch, schob die Schularbeiten vor. Mein Vater bat und bettelte.

»Ich schreibe dir eine Entschuldigung.« Seine Augen hingen an mir, zärtlich und bittend. Ich gab nach.

»Mach dem Papa erst einen Tee und ein Brot.«

Jetzt wirkte mein Vater zufrieden, beinahe heiter schaute er drein. Wie fortgewischt war seine Krankheit, der vorgetäuschte Schlaf. Ich lief in die Küche, kochte Tee und strich meinem Vater ein Brot. Er bewunderte mein Können, lobte mich.

»Wenn du erst groß bist.«

»Was ist, wenn ich groß bin?«

»Dann wirst du Papas kleine Frau.« Er lächelte. Auch ich lachte. Ich war stolz, spürte, wie gern mein Vater mich hatte. Stumm sah ich zu, wie er seinen Tee trank, das Brot dazu aß. »Jetzt kommt mein Kleines zu mir.« Er stellte das Tablett auf den Nachtschrank. Ich legte mich zu ihm, bat, er möge mir eine Geschichte erzählen.

»Später, Kleines, jetzt nicht.« Wie immer begann er mich zu streicheln. Erregung überkam ihn. Seine Hand fährt in meinen Schlüpfer, seine Finger bedrängen mich. Ein fremdes Kribbeln spüre ich. Mein Vater küßt mein Haar, mein Gesicht. »Wenn du erst groß bist.«

Seine Augen erforschen mich. Ich weiche seinem Blick aus, bin verwirrt. Mein Vater setzt sein Tun fort, leise murmelnd. Sein heißer Atem trifft mich. »Wenn du erst groß bist.«

Wenn ich erst groß bin – was dann?

So glitt ich einsam durch den Herbst, so trieb ich im schwarzen Strom meiner Kindheit. Nichts änderte sich. Nur der Garten, das Wäldchen vor meinem Fenster. Auf die nackten Zweige der Bäume senkte sich Schnee. Wieder blies der Winter seinen kalten Atem um unser Haus, senkte sein weißes Laken auf die Welt vor meinen Augen. Es glich einem schweigenden Leichentuch, erstickte meine kindliche Seele. Der Winter war die Zeit meiner Eltern, die Zeit ihrer schrecklichen Spiele. Nichts daran war anders geworden, wie im Traum durchlebte ich sie, ohne mich zu wehren.

Dann endlich setzte der Frühling ein. Sonne, Wind und Schäfchenwolken. Doch immer noch war ich gefangen. Verboten war mir jegliche Flucht, jedes Spielen mit anderen Kindern. Nur in den Garten durfte ich, in unser stilles

Wäldchen. Und hin und wieder zum Bahndamm. Dann saß ich in meinem Gartenhäuschen, sprach mit mir, erzählte mir Märchen; vom Leben im fernen Himmel. Niemand kam und störte mich, für Stunden war ich sicher.

Auch in der Schule blieb alles beim alten. Ich zählte zu den Klassenbesten, war dabei das stillste Kind. Doch niemand erforschte den Grund meines Schweigens. Ich solle nicht so ängstlich sein, das war alles, was man sagte. Warum ich so war, wen kümmerte es? Auch mir war der Grund nicht wirklich bewußt. Bis zu dem Tag mit Silke.

Er brachte meine Welt ins Wanken; in endlose Tiefen stürzte ich.

Was Silke geschah, betraf auch mich; endlich wurde ich aufgeklärt.

Es war nach der Schule, Silke ging heim. Ein Mann ließ nicht ab, ihr nachzugehen. Er stieß sie in die Büsche, zeigte ihr sein Geschlecht. Silke war acht, wie ich. Schon länger war sie aufgeklärt, wußte um die Gefahr. Sie biß und schrie und rannte davon, erzählte es ihren Eltern. Ihr Fall drang bis zur Lehrerin, die sich entschied, uns aufzuklären. Tage später war es soweit.

»Wer weiß von euch, wie ein Baby entsteht?« Fragend sah uns die Lehrerin an. Seltsame Frage, die sie stellte. Ein paar der Jungen kicherten. Die Mädchen schwiegen, sie schämten sich wohl. Schließlich stand Catrin auf. Drei ältere Brüder hatte sie, war wie Silke aufgeklärt.

»Vater und Mutter lieben sich. Im Penis des Vaters sind Babysamen. Wenn sie in den Bauch der Mutter gelangen, wächst daraus ein Baby.«

Die Lehrerin lobte Catrin. Dann zeigte sie Dias, gemalte Bilder, die alles zeigten; vom ersten Kuß bis zur Geburt. Die Lehrerin erklärte die Geschlechtsorgane, die des Mannes, die der Frau, dazu ihre Funktionen.

Nach ihrem Vortrag machte sie Licht. Ob jemand noch Fragen hätte, wollte sie wissen. Tief beschämt senkte ich den Kopf. Niemanden wagte ich anzusehen. Das also waren die seltsamen Spiele!
Jetzt wußte ich alles. –
Eine Frage aber brannte in mir, zögernd hob ich den Finger. »Können Kinder Babys bekommen?«
Die Lehrerin stutzte. Schließlich lachte sie. »Wie kommst du denn darauf?«
Ich schüttelte den Kopf. Stumm verbarg ich meine Verlegenheit, meine unbeschreibliche Scham. Still saß ich da, fragte mich tausend Fragen. Wieso spielt mein Vater Ameisenbär? Und warum soll ich lieb sein zu ihm? Weshalb das schreckliche Hasenspiel? Beschämt sah ich mich um. Mit ängstlichen Blicken maß ich die Kinder. Welches von ihnen war wie ich? Keines! Dessen war ich mir sicher. Tiefe Schuld erfüllte mich. Ich war schmutzig und böse!
Wieder quälten mich tausend Fragen. Sollte ich meinen Vater fragen? Fragen, warum das alles geschah? Er – meine furchtbare Mutter!
Was machten meine Eltern mit mir? Was nur war an Kindern so schön? Viele Fragen, keine Antwort. Nur Schuld, das Gefühl, daß ich Böses tat. Dinge, die Kinder niemals dürfen, schlecht bin ich und schmutzig. Nach der Schule flüchtete ich. Keinem Kind mochte ich begegnen, niemandem in die Augen sehen. Ich floh in unser Wäldchen, versteckte mich im Rotdorn. Stieg in Äste, die dornenlos waren. Hier kauerte ich und weinte. Voll Trauer war ich und Einsamkeit. Ich weinte lange, dann ging ich ins Haus. Ich fand meine Eltern in der Küche. Sie waren längst fertig mit dem Essen. Mein Vater las schweigend die Zeitung, meine Mutter war mit Finch beschäftigt, sie schnitt ihm einen Apfel klein. Warum ich so spät kam, danach fragte keiner. Ich setzte mich zu ihnen an den Tisch, begann die Suppe zu löffeln, die meine

Mutter mir wortlos aufgefüllt hatte. Verstohlen sah ich sie an. Dieses grellgeschminkte Gesicht, in dessen Augen die Bosheit wohnte – wie im Herzen meiner Mutter.

»Was starrst du mich so an!« Mit schroffer Stimme rügte sie mich. Ich wandte mich meinem Vater zu, den ich mit neuen Augen sah. War er mir fremd? Keine Antwort, nur Dunkelheit und Schweigen in mir. Den restlichen Tag verbarg ich mich in meiner Kammer. Am Abend saß mein Vater an meinem Bett. Er streichelte mich, wünschte mir eine gute Nacht. Nur widerwillig ertrug ich ihn. Schließlich traute ich mich zu fragen: »Wieso spielst du gerne Ameisenbär?«

Mein Vater zeigte Verwirrtheit. »Wie kommst du denn plötzlich darauf?« Ich schwieg, er blieb ohne Antwort.

»Laura, sag, wie kommst du darauf?« Deutlich war sein Mißtrauen zu hören, seine versteckte Furcht entging mir nicht.

»Der Penis ist zum Kindermachen«, brachte ich stockend hervor. Mein Vater zog die Stirn in Falten. »Du bist noch viel zu klein für Kinder.« Er küßte mich flüchtig und ging. Allein war ich mit meinen Zweifeln, mit meiner Schuld, den tausend Fragen. Ich lauschte meinem Vater nach, seinen Schritten, die sich langsam entfernten. Still wird es, mein Vater ist fort. Im Blau des Abends singt eine Amsel, ein Windzug bläht die helle Gardine. Durchs Fenster dringt die Einsamkeit, die Trauer, meine Schuld.

Nach diesem Tag wurde vieles anders. Vor allem ich änderte mich. Seit meinem Wissen hatte ich Angst. Eine neue Angst war es, der Druck, daß ich Böses tat. Er drängte nach außen, machte mich zum Störenfried in der Schule. Laut wurde ich, trotzig und ungehorsam. Auf einen Lehrer zielte ich ab, an ihm erprobte ich Macht. Macht, der ich selbst daheim unterlag. Zu Hause floh ich vor meiner Mutter, wich auch meinem Vater aus. Schließlich kam wieder ein Freitag, der Tag meines Vaters, seiner Angelfreunde. Der Abend gehörte ihnen. Bevor sie kamen, lief ich davon. Ich wollte nicht nackt in der Stube herumspringen, nicht von Hand zu Hand gehen. Ich kroch unter das Grün der Tannen. Doch meine Mutter kam und fand mich.

»Albernes Kind, was hast du denn!«
Sie füllte ein Gläschen mit Likör, vermischte ihn mit Beruhigungstropfen.

»Trink und mach kein Theater!« Sie sah zu, wie ich trank, wartete die Wirkung ab. Müde Schwere überkam mich, nahm von meinem Körper Besitz. Meine Mutter war zufrieden. »Nun lauf, geh in die Stube.«

Jetzt kannte ich kein Weigern mehr. Willig lief ich zu meinem Vater. Er begann mich auszuziehen, wusch und trocknete mich vor den Augen der Männer. Ich fühlte mich wie in gläsernen Schleiern, alles glich einem fernen Traum. Das rauhe Lachen, die derben Hände, das Johlen, als ich zu tanzen begann.

Fernes Geschehen, du warst kein Traum. Du warst ein Teil meiner schwarzen Kindheit, ein Strudel im reißenden Strom.

Dem Freitag folgte der Mittwoch. Es war schon spät, als mein Großvater kam. Noch war mein Vater zur Arbeit, tat Dienst in seinem Pförtnerhäuschen. Ich fühlte mich ohne Schutz und Hilfe, wollte dem Spiel entfliehen. Also verbarg ich mich wieder; ich klemmte mich hinter den Küchenschrank. Auch diesmal fand meine Mutter mich.

»Du willst mit dem Opa nicht Häschen spielen?«
Ich schwieg, schüttelte heftig den Kopf. Schon begann ihr Gezeter. »Was hast du bloß, du dummes Luder!«

Mein Großvater beschwichtigte sie. Prüfend traf mich sein Blick.

»Komm her.« Er zog mich zu sich heran, hob mich auf seine Knie. Wie immer griff er mir unter das Kleidchen, ich strampelte und wehrte mich, versuchte ihn zu beißen. Jetzt wurde es meiner Mutter zuviel. Wieder nahm sie ein Glas und Likör, wieder gab sie Tropfen hinzu, und wieder mußte ich trinken. Beide saßen und musterten mich, warteten die Wirkung ab, ohne etwas zu sagen. Da waren sie, die gläsernen Schleier, die müde Schwere, die mich befiel. Wieder wurde ich willig, alles war mir gleich. Mein Großvater zog mir die Kleider aus, setzte mich auf den Tisch mit dem Laken. Ich roch das warme Öl in dem Töpfchen, hörte meine Mutter lachen. Wer war das Häschen, das man verfolgte, das der Jäger erschießen würde, wenn es nicht gehorchte? Ich war es nicht, ich spürte nichts, war wie taub und ganz weit fort. In mir klagt ein fremdes Stimmchen. Es wimmert und weint und ruft nach Hilfe. Dann wird es leise, verstummt. Irgendwer lacht, irgendwer stöhnt, verschwommen dreht sich die Küche.

Wer lacht, wer stöhnt, ich weiß es nicht, alles wird schwarz und schweigend.

Später. Wir sitzen um den Stubentisch. Noch bin ich wie benommen, kaue lustlos meinen Pfannekuchen. Mein Blick hängt an meinem Vater, der meinen Großvater anschaut, voller Erwartung. Der streicht sich über den Schädel, sein Mund verzieht sich zu häßlichem Grinsen. »Ich denke, Hans, sie ist soweit.«

Mein Vater sieht ihn zweifelnd an. »Bist du sicher?«

»Du kannst mir glauben, sie ist soweit.«

Mein Vater entkorkt eine Rotweinflasche. Schenkt meiner Mutter ein Glas voll ein, danach sich selbst und meinem Großvater. Dann wird auf mich angestoßen.

Ich war soweit. – Was wußte ich? Nicht, daß ich vermietet würde. Bezahlen mußte, wer mich wollte. So hatten meine Eltern es geplant, dieses Ziel verfolgten sie. Ich ahnte nichts davon. Müde war ich, auch hatte ich Schmerzen. Ich haßte die Küche, das Häschenspiel. Nahm das alles nie ein Ende...

Nein. Der Strom meiner Kindheit gab mich nicht frei. Es blieb nicht ohne Folgen. Nachts verfolgten mich schwerste Träume, in tiefer Furcht erwachte ich. Im Schwarz meiner Kammer erschien ein Gespenst, es war die schwere Schuld, die ich trug. Sie hielt meinen kleinen Körper umfangen, kroch in meinen Bauch. Dort nistete sie wie Ungeziefer, als Larven unerträglicher Schmerzen. Sie waren das Böse, das ich tat. So wurde nun auch der Schmerz mein Gefährte.

Ich suchte zu überleben. Heimlich trank ich Alkohol; ein wenig Likör, das half mir. Ich spürte das Böse entweichen, auch verlor sich die Plage der Schuld. Der Grundstein zur späteren Sucht schien gelegt.

Auch hier steht meine Mutter dafür. Wie sie die Schuld trägt an all meinen Leiden. Damals jedoch, was wußte ich schon! Ich trieb im schwarzen Strom meiner Kindheit, suchte Stunde um Stunde nach Halt. Ohne ihn zu finden.

Mein Leben verschlimmerte sich. Ich fühlte mich bedrückt und gefangen. Wie ich meinem düsteren Zuhause entkommen konnte, darauf fand ich keine Antwort. Niemanden gab es, der mir half, dem ich mich hätte anvertrauen können. Zwar suchte ich Zuflucht bei einem der Lehrer, doch mein Mühen blieb umsonst. Ich solle mit Altersgenossen spielen, nicht so ernst und schüchtern sein. –

Was sollte ich mit Altersgenossen? Ich, die ich lebende Scham war.

Trotz allem gab es auch lichte Momente. Ein wenig Freude fand auch ich. Bei meinem Vater fand ich sie. Wenn er Zeit hatte für mich, mir etwas erzählte, sich nicht an mir verging. Wie Oasen in endloser Wüste, so schienen mir solche Stunden. Hier wehte keine Einsamkeit, hier schlingerte keine Angst. In diesen Stunden war ich sicher, nach diesen Stunden sehnte ich mich.

Und noch etwas gab mir Trost. Es war mein Alleinsein, das ich suchte. Alleinsein war ein Teil meines Lebens. Ohne

Bedrohung strich ich durchs Haus. Ich spürte sogar ein leises Glück, ein winziges Leuchten im Schwarz meiner Kindheit. In solchen Momenten fand ich Halt, wenngleich nur flüchtiger Natur; bevor mein Strom mich neu erfaßte; gnadenlos in Tiefen riß.

Stärke war es, die ich brauchte; sie allein war meine Rettung. Wie stark ich schon war, das ahnte keiner. Nicht einmal ich selbst.

Meine Eltern hatten sich gestritten. Heftiger als üblich. Sie sprachen nicht miteinander, gingen sich aus dem Weg. Wie am Boden zerstört war mein Vater. Mit finsterem Gesicht lief er umher, seine Stirn zeigte tiefe Furchen. Unentwegt rauchte er, rannte voller Unruhe durch das Haus. Den Grund des Zankes kannte ich nicht. Doch mußte es etwas Besonderes sein, denn so hatte ich meinen Vater noch nicht erlebt. Am dritten Tag endlich holte er mich. Die Sonne schien, es war warm. »Komm, wir fahren ins Grüne.«

Voller Mißtrauen kroch ich ins Auto, kauerte mich auf den Beifahrersitz. Mein Vater fuhr durch das Wäldchen stadtauswärts. Noch war er bedrückt, redete kaum. Auch summte er nicht wie sonst. Ich warf ihm einen Seitenblick zu, fühlte leise Beklommenheit. Der Streit meiner Eltern trug meistens Folgen.

Mein Vater wies auf das Handschuhfach. »Schau mal, was da drinnen ist.«

Ein Tütchen mit einem Goldring! Ein schmaler Reif wie ein Ehering.

Ich staunte, der Ring gefiel mir.

»Steck ihn an deinen Finger.« Mein Vater sah mich zärtlich an. Zum erstenmal kam ein Lächeln zustande. Ich schob den Ring an meinen Finger. »Ist der für mich?«

Mein Vater schwieg, doch er nickte. Er lenkte den Wagen durch sonnige Wiesen, durch Felder mit blühendem Raps. Er wollte zum See, wo er Enten jagte. »Heute spielen wir Hochzeit.«

»Wir spielen Hochzeit, wie geht denn das?«

»Erst einmal gib mir den Ring zurück.« Mein Vater brachte den Wagen zum Stehen, steckte den Ring in die Jakkentasche. Dann öffnete er die Autotür.

»Komm, steig aus, wir sind da.«

Ich stand am Ufer von blühendem Raps. Ein leuchtendes Meer in einsamer Stille.

Mein Vater kniete sich vor mich hin. »Bist du bereit, mich zum Mann zu nehmen?« Wir lachten, er küßte mir beide Hände.

»Komm, wir laufen zum See.« Der seltsame Blick meines Vaters traf mich. Plötzlich sah mich die Unruhe an. Ein dunkles Flackern in hellen Augen.

»Nun komm, mein Kleines, was wartest du?«

Mein Vater umschloß meine Hand. Rannte mit mir den Pfad entlang, hinunter zum See, zum schilfigen Ufer. Dort warf er sich ins Moos. Zog auch mich auf den weichen Boden.

»Von nun an gehörst du mir, mein Kleines.« Er schob mir den goldenen Reif auf den Finger, küßte und liebkoste mich. Öffnete seine Hose.

Ich stierte meinen Vater an. Sein rotes Gesicht, das so merkwürdig war.

»Der Opa meint, du seist soweit.«

Schon ist mein Vater über mir.

»Einmal will ich dich noch für mich.« Mein Vater zieht mir den Schlüpfer aus.

»Ich will nicht, daß dich andere kriegen.«

Er stöhnt und reibt sein Geschlecht an mir. Kein Lüftchen bewegt den See, das Schilf. Hoch oben nur ein kreisender Bussard. Einsame Stille, einsames Kind. Alles wird schwarz und schweigend.

Später. Noch liegen wir im Moos, mein Vater und ich. Mein Vater hält die Augen geschlossen. Er seufzt. Ein zufriedenes Seufzen gibt er von sich. Er greift nach mir, nach der Hand mit dem Ring.

»Meine kleine Frau bist du.« Er dreht den Kopf. Sieht mich an mit zärtlichem Blick. Keine Spur von Unruhe. Nach einer Weile setzt er sich auf. Zaubert ein blaues Päckchen hervor, mit rosaroter Schleife.

»Für dich.«

Ich öffne das Bändchen. Finde ein Kettchen mit goldenem Herzchen, eines, das man aufklappen kann. Das Bild meines Vater steckt darin.

»Ist das etwa für mich?«

Er nickt. »Auch das ist für dich.« Er schließt mir das Kettchen um den Hals. Legt sich wieder zurück. Beginnt mir etwas zu erzählen.

Ich sehe meinen Vater an. Alles ist wie vorher. Die Angst vor ihm verflogen. Mein Vater ist lieb, er ist gut. Er ist mein ein und alles.

So schlich die Zeit dahin. Eine gesichtslose Gestalt, die keine Freude zeigte, kein Licht bei sich trug. Doch immer gegenwärtig, wie ein Schatten, den man nicht los wird. Meine dunkelsten Stunden verdrängte ich. Nur, was ich wahrhaben wollte, nahm ich wahr. Auch als manches anders wurde. Mein schwarzer Strom noch schwärzer wurde...

Etwas änderte sich. Die Spiele im Bett meiner Eltern, sie fielen ganz plötzlich fort. Jedenfalls die, die am Sonntag passierten. Dafür wurde ich nachts geholt. Am Abend zuvor bekam ich Tropfen. Solche, die zum Einschlafen waren. Mein Vater gab sie mir, nachdem er mich ins Bett gebracht hatte. War er fort, lag ich wartend in der Dunkelheit. Ich wußte, der Schlaf käme anders als sonst. Wie schweres Schweigen beschlich er mich, ich glitt in lautlose Tiefen.

Verborgen blieb mir das Flüstern des Windes, der Schrei des einsamen Käuzchens im Wald. In weite Fernen trug er mich, verfolgt von düsteren Traumesfetzen. Spät in der Nacht dann kam mein Vater. Ich merkte es, obwohl ich schlief. Er brachte mich in das Bett meiner Eltern. Dort geschah, was geschehen mußte. Ein qualvoller Traum, der kein Ende nahm. Was wirklich war, das spürte ich kaum.

Genau durchdacht war ihr Tun. Ich sollte lernen zu reagieren, auch im Schlaf, bei Benommenheit.

So tat ich mechanisch, wonach sie verlangten; diente ihrer Befriedigung. So sollte es später bei Fremden sein.

Beweise waren die schmutzigen Tücher, verklebt mit Sperma waren sie. Ich fand sie am Morgen neben dem Bett, wenn ich allein erwachte. Schon stand die Sonne hoch am Himmel, mein Vater war längst zur Arbeit. Auch meine Mutter war fort.

Ich starrte die schmutzigen Tücher an, versuchte mich zu erinnern. Verschwommene, düstere Bilder sah ich, sie machten mich beklommen. Wo nur trieb ich im Strom dahin? Wieviel Böses tat ich noch? Schlechter war ich als schlecht.

Die Schule bedrückte mich. Meine Scham kannte keine Grenzen. Ich wagte niemanden anzusehen. Was, wenn man sah, was los war mit mir... So hielt ich mich im Hintergrund. Obwohl ich mich nach Kindern sehnte, mied ich jeden Kontakt.

Ich haßte den schwarzen Strom meiner Kindheit. Die Trauer, die stumme Verlorenheit. Ich wünschte so sehr zu entfliehen – dem Kerker, der ich selber war. Ich war das Schweigen, ich war die Trauer, auch war ich die Verlorenheit...

Immer stand ich am Rand und sah zu. Schaute, wie die anderen spielten. Hörte ihr Lachen, ihr Fröhlichsein.

Was wußten sie von dem, was es gab!

Wer von ihnen kannte die Spiele! Das seltsame Tun der Erwachsenen!

Kein Kind von acht, außer mir!
So hängte ich mich an Ältere. Suchte ihre Gesellschaft. Wurde zur Klette, die sie verfolgte, bestaunte und bewunderte. Die Großen fanden Spaß daran, sie fühlten sich geschmeichelt. Ein kleines Mädchen bewunderte sie, tat ihnen jeden Gefallen. Sie nahmen mich auf in ihren Kreis. Wenn ich auch immer die Zwergin blieb, so wurde ich doch geduldet; als Dienerin, als kleiner Sklave. Alles, was anfiel, erledigte ich. Mit oder ohne Erlaubnis. So trieben die Großen ihr Spiel mit mir, ohne daß ich mich wehrte. Doch besser das als Einsamkeit.

Dann aber war ich es leid. Auch ich wollte einmal Anerkennung, sehnte mich nach Bewunderung. Den Weg dorthin, den wußte ich schon.

»Ich bin nicht klein, ich kann schon was.«

Niemand nahm mich ernst. Spott und Gelächter erntete ich, das brachte mich nicht aus der Fassung. Meine Stunde würde schon kommen. So klein ich war, das wußte ich. Ich suchte mir einen Jungen. Tat kokett und flirtete. Ich hatte Glück, der Fisch biß an. Ein Junge, der als Rowdy galt. Er war zwölf, ich acht. Eitel war er, hübsch und dumm, fühlte sich durch mich geschmeichelt.

Endlich war der Zeitpunkt gekommen. Wir standen auf dem Schulhof. Ich, inmitten meiner Gruppe, faßte allen Mut zusammen.

»Wetten, daß ich küssen kann!«

Spott und Gelächter waren die Folge. Also schaute ich zu Frank, meinem Auserwählten, griff nach seinem Kopf. Hastig zog ich ihn zu mir herunter. Dann küßte ich Frank mit Zungenschlag, ein langer Kuß, er nahm kein Ende. So küßte mich mein Vater oft.

Plötzlich herrschte lähmendes Schweigen; alle starrten mich an.

»Du Käsehoch, was tust du da!«

Versteckte Schuld durchfuhr mich. Dann aber tat ich stolz. Niemand konnte so küssen wie ich: ich, der kleine Zwerg.

Einen Tag Ruhm, dann war ich vergessen. Alles wurde wie immer. Wieder wurde ich ausgenutzt, wurde verlacht und verspottet. Und wieder plagten mich Schmerzen. Das Gespenst meiner Schuld umlauerte mich, es ließ mich nicht zur Ruhe kommen. Schließlich wurde ich krank. Niemanden kümmerte es. »Werde allein gesund.« Das war alles, was meine Mutter sagte.

So wurde ich allein gesund. Ich lernte es, ich mußte es lernen! Es war das einzige, was mir blieb, wollte ich nicht untergehen.

Ich schaffte, die Schmerzen zu verdrängen, mich gut zu fühlen, obgleich es mir schlecht ging. Das ließ die Wut in mir gedeihen; ich wurde aggressiv. Es war meine Waffe, sie schenkte mir Luft. Ich störte die Lehrer im Unterricht, war trotzig, laut und ungehorsam. Die Lehrer waren außer sich, keinem fiel auf, daß etwas nicht stimmte.

Man bat meine Mutter zu kommen. Die Lehrer beklagten mein Verhalten, suchten die Lösung bei meiner Mutter. Die gab sich erstaunt und entrüstet, spielte die verzweifelte Mutter. Sie liebe mich, behauptete sie, doch ich sei nichts als ungezogen.

Am Nachmittag folgte die Strafe.

Wir waren allein in der Küche. Mein Vater war fort zur Arbeit. Und Finch? Mein Bruder war eingesperrt, er sollte nicht Zeuge der Strafe werden. Meine Mutter stand am Küchentisch, mit starrem Gesicht und bösem Blick. Ich spürte drohendes Unheil. Sie riß sich ihr rotes Tuch von den Schultern, wand es geschickt um meinen Hals. Ganz langsam zog sie es stramm.

»Still wirst du sein! Brav in der Schule!« Schon drohte mir der Erstickungstod. Ich schlug verzweifelt um mich. Dennoch ließ meine Mutter nicht locker.

»Versprich, in Zukunft artig zu sein!« Noch einmal zog sie fest. Mit letzter Kraft gelang mir ein Nicken. Da endlich gab sie mich frei. Ich stürzte davon, hinauf in mein Bett. Weinte lautlose Tränen. Ersticken, welch ein schrecklicher Tod. Lieber wollte ich artig sein, still und scheu wie früher.

Wieder vergingen Wochen. Als der Sommer in unser Wäldchen zog, nahmen die Besuche meines Großvaters ein Ende. Er hatte seine Mission erfüllt. Er hatte mich daran gewöhnt, Häschen zu spielen. Jetzt war er zufrieden mit sich. Bevor er ausblieb, rühmte er sich, etwas von kleinen Mädchen zu verstehen.

In mir hingegen erwuchs Hoffnung. War ich endlich erlöst? Meine Hoffnung zerschlug sich. An die Stelle meines Großvaters trat Ecke Lau. Er und meine Mutter zwangen mich zu neuen Dingen. Er kam, wenn mein Vater Nachtschicht hatte; dann waren die beiden ungestört. Ich haßte beide, ich weigerte mich, die schrecklichen Spiele zu lernen. Meine Mutter wurde zornig. »Wieso hast du keinen Spaß an der Sache?« Nackt, wie sie war, lief sie in unser Bad und holte Tabletten. Es waren Tranquilizer, ich mußte sie schlucken, obschon ich nicht wollte.

Rauchend lagen die beiden im Bett, redeten und beobachteten mich. Sie warteten auf die Wirkung. Endlich wurde ich müde. Stierte den Mann an, den ich haßte. Die Mutter, die mir zuwider war...

Waren sie da, oder war es ein Traum? Die beiden, die Peitsche, der Penis aus Plastik. Der scharfe Geruch von Schweiß. Ich rollte mich wie ein Wurm zusammen. Verloren war ich, ohne Leben. Nur Schmerz und tiefe Einsamkeit. Kaum, daß ich wußte, wo ich war. Ich war wie im Schlaf, war dennoch wach. Tat, was die beiden verlangten von mir. Sie wiesen mich in die Liebe ein, jetzt schon mit künstlichen Mitteln.

So lernte ich, was ich können mußte. Wenn man meine Eltern bezahlte, für mich, ihr Kind von nicht einmal neun.

Strom meiner schwarzen Kindheit, du. Nimmst du niemals ein Ende?

Der Strom war mein Schicksal, er nahm kein Ende. Immer tiefer wurde er, immer schwärzer und reißender. Dennoch ertrank ich nicht. Ich hatte mir ein Ufer geschaffen, auch wenn es schwach und brüchig war. Es half mir zu überleben. Mehrere Ichs, das war mein Ufer. Jedes kam und litt für mich, derweil ich selbst mich verborgen hielt. Das Kind war da und Lissi. Daneben die Alltagspersönlichkeit, der Teil von mir, der den Tag bestritt, den Brunnen meines Schweigens bewachte, damit kein Wort nach außen drang. Auf diese Weise lebte ich, begleitet vom Ton des Vergessens. Vom Schweigen, das Jahre nichts preisgab.

Wir bekamen Besuch. Zum ersten Mal stand der Bruder meines Vaters vor der Tür. Matrose sei er, sagte mein Vater, er wolle die Tage bei uns verbringen, bevor sein Schiff nach Übersee auslief.

Ich musterte den Onkel. Klein war er und knochig, doch drahtig wie ein Athlet. Die Augen waren hell, glichen denen meines Vaters. Ein kaltes Lächeln zeigten sie. Sein Wesen war rauh, wie das eines Seemanns. Er und mein Vater verstanden sich gut.

Wie ausgewechselt war mein Vater. Er lachte, war weniger schweigsam als sonst. Auch meine Mutter verhielt sich anders. Sie kochte gut, war friedlich. Und das allein meinem Onkel zuliebe? Der Onkel gehörte zum Plan meiner Eltern; sie spielten ein gemeinsames Spiel.

Wir hatten August, noch war es heiß. Die Sonne brannte wie selten vom Himmel. Die Luft war erfüllt von Insektengesumm, vom Schwatzen der Schwalben hoch oben im Dach. Finch und ich, wir spielten im Garten. Etwas, das sonst nie geschah. Wir planschten nackt in der Wanne. Mein Vater hatte sie aufgestellt, im Schatten des Holunderbusches. Mein

Onkel und er sahen zu, wie wir planschten. Hätte ich nur gewußt, warum.

Mein Onkel wollte mich testen. Er suchte geeignete kleine Mädchen, für sich und seinen Verein. Nur Pädophile gehörten ihm an. So war der Onkel zu uns gekommen. –

Dem Onkel gefiel ich, das merkte ich bald. Die Art, wie mich seine Augen verfolgten. Jede Bewegung nahm er auf. Ich weiß noch, wie mich Angst beschlich. Den Blick meines Onkels kannte ich. Doch noch geschah nichts, der Sonntag blieb friedlich. Aber dann, am nächsten Tag . . .

Der Montag brachte drückende Schwüle. Kein Sonnenstrahl, kein einziger Windzug. Ich trieb mich allein am Bahndamm herum, wie täglich in den Ferien. Ich wußte meine Mutter zur Arbeit, mit Finch war sie in der Wäscherei. Mein Vater hatte frei. Es war der letzte Tag seines Bruders, sie waren zusammen am See zur Jagd. Ich also war allein. Summend lief ich die Geleise entlang, ich fühlte mich sicher, außer Gefahr. Schließlich kam mein Garten in Sicht, das wilde Gelände, der alte Schuppen, das Häuschen, das meine Zuflucht war. Still und verlassen stand es da, verborgen vom Laub einer knorrigen Weide. Noch immer summend, ging ich hinein, hockte mich zwischen das alte Gerümpel. Ich schaute den tanzenden Staubkörnchen zu, hörte das Schnattern von Enten. Hier draußen am Bach gab es Enten? Ich sprang hinaus und rannte zum Bach. Erschrocken stoben Enten auf, flogen hin zum Bahndamm. Ich lief hinterher, ich wollte sie fangen.

Im Dunst des schwülen Nachmittagslichtes sah ich meinen Vater. Er war nicht allein, der Onkel war bei ihm. Zusammen kamen sie auf mich zu. Sie wankten, hatten getrunken. Mein Vater trug sein Gewehr in der Hand; dicht vor mir blieb er stehen. Nicht anders mein Onkel Fred. Seltsam stierte er mich an, wischte sich den Schweiß von der Stirn. Er ließ mich nicht aus den Augen. Griff grinsend in die Hosentasche und

zog eine Flasche Schnaps hervor. Er reichte sie meinem Vater.
»Trink, damit du zu Kräften kommst.«
Mein Vater winkte unwillig ab. So setzte der Onkel die Flasche an, trank hastig den Rest, dann warf er sie fort.
Mein Vater hob den Lauf des Gewehres.
»Nun komm, mein Kleines, wir wollen zur Hütte. Ich hab's meinem Bruder versprochen.«
Mein Vater seinem Bruder versprochen...
Entsetzen packt mich, ich schaue auf, sehe die beiden ängstlich an.
»Was hat sie nur für schöne Augen.« Mein Onkel lacht und schnappt nach mir.
»Laß«, wehrt mein Vater ab. Der Lauf des Gewehres nähert sich mir, er gleitet mir zwischen die Beine. »Nun los, in die Hütte, mein Kleines.« Mein Vater lacht, dann verstummt er. Schon stolpere ich über die Geleise zur Böschung, stürze in Nesseln, beginne zu jammern. Mein Vater hilft mir auf. Er trägt mich hinunter in meine Zuflucht, gefolgt von meinem Onkel Fred. Der nimmt das Gewehr und bedroht mich. Es macht ihm Spaß, meine Angst zu sehen. »Wir sind die Jäger, und du bist das Häschen!« Er öffnet seine Gürtelschnalle, reißt den Verschluß seiner Hose auf. Mein Vater sieht zu, mit flackerndem Blick. Er denkt nicht daran, mir zu helfen. Er lächelt nur, als mein Blick an ihm hängt.
»Bist du nicht still, erschießt dich der Jäger.« Mein Onkel wird zum gefürchteten Feind, gnadenlos hält er mich eisern umklammert. Zieht mir mein blaues Hemdchen aus, den blaugeblümten Schlüpfer. Setzt sich auf den staubigen Tisch, preßt mich auf seinen Schoß. Im trüben Licht der Hütte zwei Jäger. Ich schreie, möchte nicht Häschen sein. Will fort von dem grausamen Jäger. Ich lasse mich fallen, stürze ins Dunkel. Schwarze Schwüle hält mich umfangen, Stille, die Stimme des Schweigens. Manchmal ist mir, als hörte ich Weinen, ein Wimmern, das mir vertraut ist. Ich lausche ins

Nichts, das Dunkel ist schuld, das brennende Schwert im schweigenden Schwarz, das Stöhnen des grausamen Jägers.

Abends. Mein Vater war wieder nüchtern. Er saß an meinem Bett, bedrückt nahm er meine Hand. »Glaube mir, das wollte ich nicht.«

Er murmelte eine Entschuldigung. Ich sah meinen Vater an. Was meinte er mit: das wollte ich nicht? Ich fragte nicht, blieb ohne Antwort. Mein Vater drückte sein Gesicht an das meine, seufzte schwer und verließ meine Kammer. Ich horchte seinen Schritten nach, hörte, wie sie leiser wurden, die Stiege ein letztes Mal knarrte.

Im Ried begann eine Amsel zu schlagen, klagend tönte ihr einsamer Ruf. Dann war es still wie zuvor.

Verlassenheit senkte sich über mich, Trauer drängte sich zu mir. Ich spürte Schmerzen, ein heißes Brennen. Leise weinte ich vor mich hin.

Ich litt, weil sich mein Vater schuldig fühlte. War ich es doch, die Böses tat. Mein Vater war gut, ich liebte ihn. Was tat es schon, daß er Schnaps trank?

So stürzte ich tiefer und tiefer. Täglich wuchs meine Schuld; sie glich einem Strauch von Immergrün, ähnlich wie meine Scham. Schließlich nahm ich Flucht in die Krankheit, sie rettete mich vor allem. Vor der Schule, den Lehrern, den anderen Kindern. Doch nicht vor mir und meiner Verachtung. Verachtung vor mir und dem Bösen.

Und alles geschah, weil ich war, wie ich war. Ein zierliches Mädchen mit rötlichen Locken, mit großen Augen, still und schweigsam.

Wäre ich anders, was sollte dann sein? Es gäbe keinen reißenden Strom, keine reißenden Tiefen.

Ich begann mich zu verstecken. Etwas in mir zwang mich, auf der Hut zu sein. Kam ich von der Schule heim, schlang ich hastig mein Essen hinunter. In meiner Kammer schloß ich mich ein; hier saß ich dann und übte rechnen, las in meinem

Lesebuch. Schon lange war ich Klassenbeste, ich wurde oft und viel gelobt. Was wirklich war, das ahnte niemand. – Verließ ich meine Kammer, verbarg ich mich im Grün des Wäldchens. Ich stieg in die Krone des alten Rotdorns. Hier kauerte ich bis zum Abend. Bis blaß der Mond am Himmel erschien, die Sterne, die sich zu ihm gesellten. Dunkles Leuchten in schattigen Winkeln, irgendwo saß die Angst verborgen. Bei jedem Geräusch erschrak ich. Wachsamkeit war mein stummer Gefährte; ich glich einem Tier auf der Flucht.

Nur bei Regen blieb ich im Haus. Kroch heimlich in die Wäschetruhe, die ungenutzt auf dem Dachboden stand.

Meinem Vater entging meine Wandlung nicht. Er merkte, daß ich anders war. Er mochte nicht, daß ich mich versteckte, ihn mied, als sei er ein Bösewicht.

Dann brachte er mich zu Fall.

Es war Abend. Ich lag schon zu Bett. Mit klopfendem Herzen lauschte ich; seit Stunden waren die Nachbarn da. Die Nagels, die ich fürchtete. Ich starrte ängstlich ins Dunkel. Draußen waberten Nebelschwaden, milchige Schleier umstrichen das Haus. Sie verschwiegen den Garten, das stille Wäldchen. Ich horchte, ein schrilles Lachen ertönte; das Lachen der dicken Gärtnersfrau. Dann wieder lähmendes Schweigen. Nur meinen Herzschlag hörte ich, er dröhnte in meinen Ohren. Plötzlich Schritte auf der Stiege. Mein Vater kam barfuß die Treppe herauf. Starre Furcht erfaßte mich. Im Licht der Tür erschien mein Vater, in übergeworfenem Bademantel, mit stark zerzaustem Haar. Da war mir, als warnte mich eine Stimme. Tief in mir war sie deutlich zu hören. Ich sprang aus dem Bett, rannte zur Tür, jagte an meinem Vater vorbei, die Stiege hinunter, hinaus in den Nebel. In panischer Angst blieb ich stehen. Horchte in die Nacht. Mein Vater kam, er verfolgte mich. Ich hastete den Pfad entlang. Erschrocken flog ein Käuzchen auf, brach durch das Dickicht der Zweige. Da plötzlich war mein Schicksal besiegelt; ich stolperte und fiel. Ich fühlte die Hand meines Vaters am Bein, er packte mich mit eiserner Faust, ließ mich nicht mehr frei. Was folgte, war unser düsteres Haus, das Bett meiner Eltern im rauchigen Zimmer. Im rötlichen Licht die Gärtnersfrau, ihr Mann und meine Mutter. Mir schwindelt, ich ahne, was auf mich zukommt. . .

Soll ich schreien, soll ich mich wehren? Ein Strom von wilder Verzweiflung verschlingt mich. Ich lasse mich fallen, wie so oft. Ich stürze hinab in tiefste Tiefen. Finsteres Schweigen, mein rettendes Ufer; ich suche Halt, klammer mich fest.

Jenseits des Ufers wimmert ein Kind; leises Weinen, es ist mir vertraut. Ich rufe das Kind, sein Weinen verstummt, erstickt in lautlosem Nichts.

Seit dieser Nacht behielt mein Vater mich im Auge. Sein Mißtrauen gegen mich war erwacht. Er verfolgte mich, gab acht, was ich tat, wo ich mich aufhielt. Trotzdem bekam ich kleine Geschenke.

Auch war er lieb und zärtlich, versuchte mir eine Freude zu machen. Fürchtete er, daß ich reden würde?

Ich redete nie, ich schwieg. Vielleicht mißtraute mein Vater mir?

Er hatte keinen Grund, viel zu groß war meine Angst. Vor meiner Mutter, nicht vor ihm. Mein Vater mißtraute in Wahrheit nicht mir, er selbst war es, dem sein Mißtrauen galt. Deshalb gab er sich besser als gut.

An einem der lauen Spätsommertage fuhr er mit mir an die Küste. Über uns wob sich ein blaßblauer Himmel, erste Möwen kreisten darunter, stießen hinab in die braune Erde. Sie suchten nach Nahrung, stritten sich, ohne uns zu beachten. Wir fuhren schweigend dahin. Mein Vater parkte wie damals am Deich. Wie damals stoben die Schafe davon, glotzten uns aus der Ferne an. Wie damals auch bot sich das

Bild, das ich sah: die windschiefe Kiefer, darunter die Hütte, das Boot am steinigen Strand.

Mein Vater schloß die Hütte auf, maß mich mit fremdem Lächeln. Ich senkte den Blick, verdrängte die Furcht. Was schon sollte mir Schlimmes passieren? Ich folgte ihm in das warme Dämmer. Er stieß die Tür zu, lehnte sich an die hölzerne Wand. Verschränkte die Arme und sah auf mich nieder.

»Möchte mein Kleines ein Fahrrad?«

Ich sah ihn an, verbarg mein Staunen. Mein Vater war anders, ich war auf der Hut. Ich nickte schweigend, in dunkler Erwartung. Ein Fahrrad war mein sehnlichster Wunsch.

»Dann komm und sei schön lieb zum Papa.«

Zaghaft trat ich näher. Wie lange war ich nicht hier gewesen? Die Hütte war mir sonderbar, Düsternis verkörperte sie. Wieso, das war mir entfallen.

Mein Vater zog seine Kleider aus, der staubige Boden wurde sein Lager.

»Komm her, mein Kleines, zum Papa.«

Nur zögernd ließ ich mich neben ihm nieder. Daß er erregt war, entging mir nicht, er küßte mich mit Zungenschlag, murmelte seltsame Dinge. Wie immer drängte die Hand in den Schlüpfer, glitt mir zwischen die Beine.

Ein fremder Sog erfaßte mich. Ich ließ es geschehen, wehrte mich nicht. Ich stürzte in keine Finsternis, tat, was mein Vater verlangte von mir.

Nur mein Blick hing verloren am Himmel. Weite Ferne, wo endete sie? Irgendwo oben schwebte mein Schloß, umgeben von silbernen Wolkenfäden. Sein Tor aber war mir verschlossen. . .

Später. Noch waren wir in der Hütte. Mit geschlossenen Augen lag mein Vater neben mir, fest hielt er meine Hand umfaßt. Er atmete ruhig, war entspannt. »Wie gut du tust«, murmelte er. »Nicht mehr lange, dann bist du soweit, nach deinem neunten Geburtstag.« Mein Vater sprang lachend auf. Summend verließ er die Hütte. Ich sah, wie er zum Wasser rannte, hineinging und zu schwimmen begann. Das Wasser, das blau und blank war; unendlicher Spiegel der Weite des Himmels. Ich folgte meinem Vater, verließ die Hütte und trabte zum Wasser. Unvermutet tauchte mein Vater.

»Papa!« schrie ich und stürzte ihm nach. Plötzlich ist er neben mir, reißt mich hinab auf den Grund des Meeres. Hält mich unter Wasser gedrückt. Ich strampel wie wild und wehre mich, bange um mein kleines Leben.

Schließlich gibt mein Vater mich frei, packt mich und schleppt mich hinauf zur Hütte. Drohend sieht er mich an.

»Versprich mir, nie und nichts zu verraten.«

»Verraten, Papa, was meinst du denn?«

»Von dem, was wir beide tun.« Noch einmal sieht er mich eindringlich an. Ich schüttel ängstlich den Kopf.

»Das, was wir tun, ist deine Schuld. Du hast etwas an dir, was anderen fehlt.«

Ich senke den Kopf, wie vom Donner gerührt. Ich fühle mich tief betroffen. Wußte ich doch, daß ich schuldig bin!

»Ich sage nichts, das verspreche ich dir!«

»Gut«, mein Vater küßt mich. Zufrieden zieht er sich an, hilft auch mir in die Kleider. Zusammen schlendern wir am Strand. Mein Vater erzählt mir Geschichten. Er summt, singt, bis auch ich wieder singe. Jetzt freut sich mein Vater und lacht.

Nach diesem Erlebnis begann ich meinen Vater zu fürchten. Unbewußt und anders als meine Mutter, die ich nicht mochte, deren Körper mir zuwider war. Denn mein Vater war weiterhin gut zu mir, er gab mir Schutz und Geborgenheit. Doch irgendwie war ich wachsam geworden. Was wußte ich, was ihm einfiel! Welche furchtbaren Strafen mir drohten; nun auch von seiten meines Vaters, nur damit ich schwieg!

Schweigen bedeutete Leben für mich, sich anvertrauen den Tod.

Das war mir längst bewußt. Nach dieser Regel lebte ich, sie ließ mich überleben.

Wieder war Herbst, die Zeit meiner Eltern. Regen rann am Fenster entlang, es stürmte, grau war der Himmel. Die lichten Tage waren vorbei. Vorbei die Ruhe vor meinen Eltern. Wieder zwangen sie mich zu Spielen, holten mich nachts aus dem Bett. Ohne die Tropfen zum Schlafen. Ein wenig Likör oder Schnaps. Damit ich besser in Stimmung kam. Sie prüften, ob ich perfekt war. Alles Gelernte beherrschte. Meistens entkam ich der Qual. Etwas in mir drängte mich fort, befahl mir zu fliehen, bevor es zu spät sei. Lissi war es, ein Teil von mir, jener Teil, der jahrelang schwieg. Lissi ertrug diese Spiele. Ich derweil saß am Strom meiner Kindheit, am rettenden Ufer, das Schweigen hieß, ferne Stille, mein Halt.

Manchmal aber blieb Lissi aus. Dann wurde das Ganze zur Qual. Ich fühlte mich elend, schmutzig und schuldig. Versteckt in meine Einsamkeit, suchte ich einen Ausweg. Sterben? Nein, das nicht. Ich unterließ es, mich zu waschen. Seife und Wasser verweigerte ich. Ich glaubte, ein schmutziges Kind im Bett würde die Sache endlich beenden. Ich irrte, es wurde nur schlimmer. Jetzt zwangen sie mich zu baden, nicht allein, mit ihnen. Ich mußte Spiele im Wasser dulden, alles, was ihnen einfiel.

Gab es keine Rettung für mich?

Manchmal kamen Arbeitskollegen. In solchen Stunden schöpfte ich Hoffnung. Einer mußte doch merken, was los war.

Vergebliches Hoffen; man merkte nichts. Meine Eltern galten als achtbare Leute, als Bürger, die ihrer Pflicht nachkamen. Und dann die wohlerzogenen Kinder. Wohlerzogen nannte man uns.

Finch war ein stiller und seltsamer Junge, ohne Freude, immer nur ernst. Nicht anders als er war ich. Stille Kinder mochten die Leute, die störten nicht, sie galten als brav. Sie wußten, was sich gehörte. –

Meine Mutter lehrte mich hyperventilieren; eine Technik des Atmens, mit der ich mein Bewußtsein ausblenden konnte. Es war ein Teil ihres teuflischen Planes, wie fast alles, was sie mir antat. Während ich übte, saß sie dabei. Ich hatte entweder flach zu atmen, und, was sehr wichtig war, so langsam wie möglich. Oder aber tief und schnell. Beides erreichte die gleiche Wirkung. Ich lebte, war dennoch wie tot. Mir fehlte jedes Körperbewußtsein, es war, als sei er getrennt von mir, als wäre ich nichts als ein einsamer Kopf.

Ein seltsames Sein, dieser Zustand. Später war er mir von Nutzen, er schützte mich vor dem Schlimmsten. Noch aber ahnte ich nichts davon. Ich saß vor unserer Stubenuhr und übte im Rhythmus des Pendels mein Atmen, derweil meine Mutter mir zusah. Wurde ich von Schwindel gepackt, brachte sie mir Wasser. Auch Pausen erlaubte sie. Ging es mir besser, übte ich weiter. Bis meine Mutter mich entließ und ich hinaus in das Wäldchen durfte, als Trost für mein fleißiges Üben.

So glitt der Herbst wie lautlos dahin. Wie immer trieb ich im Strom meiner Kindheit, nicht wissend, was mich erwartete.

Fast Winter war, ein naßkalter Tag. Durchwoben von Stille und wolkenverhangen. Die Stirn des Himmels zeigte Schwermut, Schweigen war sein dunkler Blick. Lesend saß ich in meinem Zimmer, vertrieb mir so die Einsamkeit, das Frieren in meinem Herzen.

Wie oft rief meine Mutter mich. Beklommen lief ich zu ihr. Sie stand im Flur und schminkte sich, rückte ihren Hut zurecht.

»Wir wollen in die Stadt«, sagte sie. Fragend sah ich zu ihr auf. »Wir brauchen neue Wäsche für dich.«

Ohne Anlaß neue Wäsche? Es hatte seine Gründe. Ich sollte an Fremde vermietet werden, Leute, die für mich bezahlten. Deshalb die neue und feine Wäsche. Hellblau war sie, mit Spitze versehen.

Die Verkäuferin staunte. »So etwas Feines für das Kind.«

Hätte sie doch gewußt, wofür! Vielleicht wäre sie meine Rettung gewesen. Doch wie alle, ahnte auch sie nichts.

So sog mich mein Strudel tiefer und tiefer, im schwarzen Strom meiner Kindheit.

Am Abend mußte ich baden. Meine Mutter gab duftendes Öl in das Wasser.

»Zieh dich aus.«

Zögernd zog ich mich aus.

»Nun mach schon!« trieb sie mich an. Da schellte unsere Haustürglocke. Frau Nagel kam und brachte Ilse. Ilse war zwölf Jahre alt, ein dickes Mädchen mit großen Augen. Ohne Leben war ihr Blick, ihr Wesen ohne Lebendigkeit. Noch nie war Ilse bei uns gewesen.

»Nun mach, daß du endlich ins Wasser kommst!« Mit diesen Worten ging meine Mutter, mit Ilse kam sie zurück. Auch Ilse sollte sich ausziehen, sollte zu mir in die Badewanne. Meine Mutter begann sie abzuseifen, das Mädchen ließ es geschehen. Alles ließ es mit sich machen, mit leerem, stumpfem Blick. Seltsam, es sagte kein Wort. Nichts war in seinem Gesicht zu erkennen, keine Abwehr, keine Neugier.

Endlich war Ilse fertig gewaschen, getrocknet und mit Parfüm eingestäubt. Jetzt war ich es, die abgeseift wurde, abgetrocknet und einparfümiert.

Mein Vater guckte ins Badezimmer.

»Seid ihr bald fertig?«

Sein Blick streifte kurz die Gärtnerstochter, mich mit flüchtigem Lächeln. Dann ging er, ließ uns mit meiner Mutter allein. Sie kämmte uns sorgsam das Haar, schmückte es mit einer Schleife, bevor sie uns die Kleider reichte. Dann waren wir beide angezogen, waren endlich fertig. Fertig zur Fahrt in den Abgrund für Kinder.

Mein Vater saß wartend im Wagen. Schon herrschte graue Dunkelheit, kein Stern am Himmel leuchtete mir, kein einziges Licht, das mir Trost war. Ich fror und fühlte mich elend. Unruhe und Angst begleiteten mich. Mein Vater fuhr schweigend stadtauswärts. Ich starrte ins Schwarz der beginnenden Nacht. Ilse kaute Nägel; nach einer Weile seufzte sie traurig. Ich rückte dicht an sie heran.

»Weißt du, wohin wir fahren?«

»Wohin schon, in den Kinderpuff.« Ihre Antwort war leise.

»Was ist das, sind da nur Kinder?«

»Nur Kinder! Hast du eine Ahnung!« Sie seufzte wieder und setzte hinzu: »Erwachsene sind da, die Kinder wollen.«

Ich zuckte zusammen. Das also war es! Plötzlich fiel mir mein Großvater ein, mein Onkel Fred, mein Vater. Und meine Mutter mit ihren Spielen. Ich war bestimmt für solche Typen. Ich wußte, daß ich Böses tat! Doch warum plötzlich Ilse?

»Warum denn du?« Ich verstand es nicht.

Ilse blickte mich trostlos an. »Was soll ich denn machen?«

Schweigen legte sich über uns. Ich fühlte mich verloren wie nie.

»Am ekligsten ist das Lesbenspiel.« Ilse sah mich merkwürdig an.

»Das mit dem blöden Plastikding, davor hab ich am meisten Angst.«

Voll Scham dachte ich an meine Mutter. Auch sie besaß so ein gräßliches Ding. Nie bekam sie genug davon.

Ilse stierte stumpf vor sich hin. »Warte nur, bis du soweit bist.« Sie wischte sich über ihr blasses Gesicht. Trocknete Tränen, die sie nicht weinte. Plötzlich tat sie mir leid. Ich fühlte mich Ilse verbunden.

Mein Vater hatte den Stadtrand erreicht. Nun bog er in eine Straße ein, die wenig beleuchtet war. Nur eine Laterne spendete Licht. Am Ende der Straße hielt mein Vater. Er stieß die Wagentür auf, stieg hastig aus. Er winkte auch Ilse und mich aus dem Auto. Prüfend sah er mich an. »Später holt dich dein Papa wieder.« Er zupfte mir mein Haarband zurecht, strich mir eine Locke glatt.

Später – was meinte mein Vater damit? Ängstlich sah ich zu Ilse. Sie spürte meinen Blick. Voll Gleichmut zuckte sie mit den Schultern. So folgten wir schweigend meinem Vater. Er klingelte an der Eingangstür. Sekunden später wurde geöffnet. Wir traten in rotes Schummerlicht, leise Musik empfing uns; Stimmen, von denen ich eine kannte. Es war die meines Onkels. Schweiß brach mir aus, wo sollte ich hin? Ich sah, wie mein Vater eilig verschwand, wie Ilse mit einem Mann davonschlich.

»Keine Angst, es passiert dir nichts, nichts, was du nicht kennst.« Ich sah erschrocken auf. Mein Onkel Fred stand neben mir, mit kaltem Lächeln in den Augen. Er brachte mich in ein Nebenzimmer. Auch hier war alles in Rot getaucht, auch hier ertönte leise Musik. Ein fremder Mann kam auf mich zu, er trug einen offenen Bademantel.

Entsetzen! Der Strom meiner Kindheit, niemals war er schwärzer als jetzt. Der Fremde nimmt meine Hand.

Er setzt sich und zieht mich auf seinen Schoß, sieht zu, wie mein Onkel ein Glas vor mich hinstellt, wartet, bis ich getrunken habe, erst dann verläßt er grinsend das Zimmer.

Ich spüre, wie ich gestreichelt werde, wie mir sonderbar leicht wird. Der Fremde führt mich irgendwohin; wo blaues Licht auf ein Himmelbett fällt. Ich fühle mich wie im Traum.

Ich träume von Ilse, der Gärtnerstochter. Mein Onkel bringt sie zum Himmelbett, schaut zu, wie Ilse sich auszieht. Mit blödem Lächeln und leerem Blick kriecht sie über die seidenen Laken. Mein Onkel selbst ist nackt. Er streckt sich neben Ilse aus, streicht ihr über den Körper. Plötzlich flammt grelles Licht auf. Eine Kamera surrt, sie nähert sich Ilse.

Mein Onkel beginnt die schrecklichen Spiele. Als erstes das, was Ilse so fürchtet, das mit dem Ding aus Plastik. Leben durchzuckt ihren dicken Körper; die Kamera fängt es gnadenlos ein, wie den gequälten Blick ihrer Augen, den fremden Taumel, der sie erfaßt.

Beklemmender Traum! Ich möchte erwachen. Die grausamen Bilder stoßen mich ab. Wie oft hat das meine Mutter verlangt. Wie oft habe ich ihr Stöhnen gehört, ihr heiseres Drängen nach mehr.

Mir schwindelt, ich schließe die Augen. Kaum merke ich, daß das Treiben vorbei ist, daß ich jetzt selbst an der Reihe bin. Jemand beginnt mich auszuziehen, jemand führt mich zum Himmelbett.

»Jetzt bist du mit dem Häschenspiel dran.«

Sekunden Wachsein! Eisige Furcht! Dann reißt mich mein Strom in die Tiefe. . .

Später. Mein Traum ist vorbei. Ich finde mich auf dem Schoß des Fremden, Ilse kauert bei irgendwem. Ich sehe sie an, sie spürt meinen Blick. Sie schüttelt den Kopf, senkt die Lider. Einsam stiert sie vor sich hin. Ich möchte mit Ilse entfliehen. Irgendwohin, wo wir sicher sind. Einsam bin ich, wie Ilse. Sehne meinen Vater herbei, obwohl er mich verraten hat: vermietet an Fremde für Geld!

Ich bin ein schon gestorbenes Kind. Ohne Hoffnung auf neues Leben. Ohne Hoffnung auf Hilfe.

Endlich kommt mein Vater. Steckt das Geld ein, das er erhält. Zusammen mit Ilse gehen wir.

Ich trete ins Schwarz der schwärzesten Nacht, fürchte mich vor der Kälte. Dem Regen, der mein Gesicht benetzt. In meinem Herzen herrscht Finsternis; ein Schweigen, das meine Seele zerreißt.

Wie im Schlaf bewege ich mich, treibe im Strom meiner düsteren Kindheit, sehne so sehr ein Ufer herbei. Vielleicht ist der Himmel die Rettung? Vielleicht gibt es dort neues Leben für mich? Ein Kind bin ich, doch schon gestorben. – Wie lebend tot, so fühle ich mich. Einsam und verraten.

Nach dieser Nacht wurde ich ernstlich krank. Ich hatte unerträgliche Schmerzen, ich fühlte mich matt und mußte erbrechen. Jetzt ging ich nicht in die Schule. Still lag ich in meiner Kammer und dämmerte vor mich hin, umgaukelt von Schweigen und Einsamkeit. Sie tanzten mir durch die Fieberträume, durchwehten meine Gedanken. Verschwommen sah ich düstere Bilder. Sie zeigten mir das Himmelbett, Ilse, den Onkel, den ich nicht mochte. Ich wollte diesen Bildern entrinnen, doch sie ließen mir keine Ruhe. Wie mein Schatten waren sie, verfolgten mich, meine kindliche Seele. Wir, die wir zwei gefangen waren in dem düsteren Haus meiner Eltern. Verloren war mir meine Traumwelt. Matt und ohne Hoffnungsschimmer lag ich in stilles Schweigen versunken. Schließlich kam unser Hausarzt. Zum erstenmal untersuchte er mich. Fragen stellte er keine. So gab es auch jetzt kein rettendes Ufer. Der Doktor fand nichts Ernstliches. Er schien nicht zu bemerken, daß ich dem Tod näher war als dem Leben. Zur Sorge sei kein Grund, meinte er. Meine Mutter war zufrieden. Als ob sie sich jemals Sorgen machte.

So war ich wie immer mir selbst überlassen. Wenigstens aber hatte ich Frieden. Niemand kam und verging sich an mir; mein Kranksein bot mir Schutz. Doch irgendwann gewann ich an Kräften. Die Schmerzen verblaßten, ich wurde gesund. Ich fühlte neues Leben in mir, baute an einer neuen Traumwelt. Sie brauchte ich als Zufluchtsstätte, damit ich nicht im Strom ertrank. Wieder geriet ich in drohende Strudel.

Ich lebte von Mißbrauch zu Mißbrauch: mein Vater, meine Mutter, die Angelfreunde, der Club meines Onkels und Ecke Lau. Und alle waren bereit zu zahlen. Weitaus mehr als erhofft.

110

Meine Mutter reichte mich stolz herum. »Alles erlaubt, nur das eine nicht!« Das »eine« – ich mußte Jungfrau bleiben. Jeder mußte die Regel befolgen.

Noch heute empfinde ich tiefe Scham, fühle mich schmutzig wie damals.

Damals dachte ich oft an Sterben. Ich war ein Kind, doch ahnte ich längst, daß so ein Leben nichtig war, nieder und nicht lebenswert. Aus übelsten Dingen bestand es. Müde war ich und elend davon. Ich steckte im Sumpf von Einsamkeit, von Trauer und tiefer Schuld.

Wozu der lautlose Schrei nach Hilfe! Wozu die ständigen Schmerzen im Bauch! Wozu das Schweigen, das Dulden...

Wozu? – Es gab keine Antwort darauf. Mein Schicksal war die Finsternis; ein Leben ohne Licht und Hoffnung.

Also wollte ich sterben!

Ein Tag im Herbst mit schwerem Himmel. Dunkel sah er auf mich nieder, drohend, ohne Lächeln. Kalter Wind durchzog meine Kleider, ich fror und irrte ziellos umher. Wieder nahte ein Wochenende, der Samstag, das blaue Himmelbett. Noch war Freitag, der Tag meines Vaters, der Abend mit den Angelfreunden.

Ich hatte Schmerzen, fühlte mich einsam. In mir war nichts als Dunkelheit.

»Wozu!« So schrie eine Stimme in mir. Alles blieb still, es gab keine Antwort.

Ein fahrendes Auto! Die letzte Rettung. Wie von Sinnen stürzte ich vor. Ich prallte auf den nassen Asphalt, glaubte mich endlich tot!

Ich war nicht tot. Ich blieb am Leben. Der Tod hatte mir den Rücken gekehrt; er hatte mir seine Hand verweigert, immer würde er das tun.

Immer kam ich glimpflich davon. Was blieb, war der Zorn meiner Eltern. Besonders mein Vater verzieh mir nicht. Dafür erhielt ich erste Schläge. Schläge, die mich tief verletzten.

Nicht Sorge, sondern Wut galt mir. Der Zorn meines Vaters enttäuschte mich tief. Verzweifelt war ich lieb zu ihm. Alles, was er verlangte, tat ich. Jedoch ohne Erfolg. Mein Vater mißtraute mir. Kühl und schweigsam blieb er. Mein Selbstmordversuch war ein Warnsignal. Doch niemand durfte die Wahrheit erfahren, so täuschten meine Eltern einen Unfall vor.

Sie klagten, ich sei ein verträumtes Kind und lebte in einer Traumwelt. Ich wüßte nie, was Wirklichkeit wäre. So war passiert, was passieren mußte. Ein Unfall, durch meine Schuld.

Erst jetzt war mein Vater wie früher; nun, da jeder den Hintergrund wußte; mein Mißgeschick sich aufgeklärt hatte.

Es fehlte nicht an Zärtlichkeit, auch bekam ich kleine Geschenke. In stillen Nächten kam er zu mir, weckte und liebkoste mich, bevor er sein triebhaftes Wesen auslebte.

Am Tag war ich müde und unkonzentriert, geplagt von schwerer Schuld. Wann nur fand mein Leben ein Ende, dies Leben, das ich nicht leben wollte? – Steine aus Schweigen waren mein Pfad, am Strom meiner schwarzen Kindheit.

So rannen die Tage dahin. Lautlosen Gestalten glichen sie, deren düstere Schleier mich umwehten wie der kalte Atem einsamer Herbstnächte. Nichts änderte sich, alles blieb, wie es immer war. So lernte ich, mit meinem Leben zu leben. Ich gewöhnte mich an die Finsternis, an mein steinernes Schweigen. Daß ich stark war, ahnte ich nicht. Ich selbst, ein Kind, ich wurde zum Pfeiler, zur Stütze, die mir Halt gab.

Der Herbst mit seinem Leuchten schwand. Wieder brach ein Winter an. Mit Rauhreif, Schnee und hellen Sternen.

Oft lauschte ich in die bläuliche Nacht. Stille umfloß meine kindliche Seele, das Leuchten der Sterne durchdrang mein Herz.

Für Stunden fand ich inneren Frieden.

Zum ersten Advent kam Besuch ins Haus. Freunde, Verwandte, die Nachbarn. Selbst Ilse war dabei. Sie war wie ich im Sonntagskleid. Saß wie ich am Kaffeetisch und lauschte den Erwachsenen. Sie sprachen über Geld. Der Gärtner wollte sein Haus erneuern, auch sein Geschäft erweitern. Es sei jetzt an der Zeit, meinte er.

Mein Vater stand ihm nicht nach. Bald seien das Haus und das Grundstück unser. Es sei nur eine Frage des Sparens. Es traf mich ein flüchtiger Blick meiner Eltern. Fragend sah ich zu Ilse. Ilse schlug die Augen nieder, hastig verschlang sie ihr Tortenstück, trank den letzten Saft. Plötzlich verschwamm mir die Stube. Sie wurde zum bläulichen Himmelbett. Mir war, als surrte die Kamera, filmte Ilse mit fremden Männern. Ich sah meinen Vater mit Geld in der Hand, mich, von nackten Körpern bedrängt.

Ich schreckte auf, ich hatte geträumt.

Die anderen hatten sich längst erhoben. Stühle wurden herangeschleppt. Statt Kaffee gab es Schnaps. Man stimmte sich auf die Filme ein; üble Filme mit Ilse und mir. . .

Ich stürzte hinaus in den Garten.

Im eisigen Schnee verbarg ich mich, er kühlte meine heiße Scham. Lange stand ich wie gelähmt, starrte ins Weiß des Winters. Hoch oben am Himmel funkelten Sterne. Ihr Licht blieb mir kalt und fern, vermochte nicht, mein Herz zu durchdringen. Das Dunkel in mir erdrückte mich fast.

Wieder wollte ich sterben.

»Lieber tot sein als lebendig.«

Was war mit mir? Wer redete so? Ich horchte, hielt den Atem an.

»Lieber tot sein als lebendig.« Die Stimme kam aus mir selbst. Zeit zum Sterben, sagte sie mir.

Ich wußte sie alle im Haus versammelt. Wußte, sie schauten Filme an. All das, was mich in Finsternis stürzte, in Schluchten, denen ich nie entkam.

Ich schlich und stahl mir den Autoschlüssel. Rannte hin zur Wellblechgarage; ihr Tor war nicht verschlossen. Wie ein Auto zu starten sei, hatte mein Vater mir beigebracht.

Der Motor lief, das Tor war verschlossen. Ich selber kniete am Auspuffrohr.

Plötzlich erschien mein Vater.

Statt Sterben wartete Leben auf mich. Schelte, Arrest und schlimmste Strafe.

Danach fing alles von vorn an.

Wieder trieb ich im Strom meiner Kindheit, Strudel um Strudel erfaßte mich.

Heimlich begann ich Tabletten zu schlucken, heimlich griff ich zu Alkohol; wenn die Stunde der Stunde nahte. . .

Auf diese Weise entfloh ich dem Schicksal, entkam mir selbst, dem Geschehen.

Endlich erwachte der Frühling. Auch ich war seit langem erwacht. Vorbei war meine Dunkelheit, waren die Dinge, die mir Furcht einflößten. Beide Eltern waren krank, Fieber und Schwäche plagten sie. Der Arzt hatte strenge Bettruhe verordnet. Nur zum Essen standen sie auf. Ich besorgte den Haushalt. Ich kaufte ein, was nötig war, kochte, versorgte Finch. Und außerdem meine Eltern. Ich tat die Arbeit einer Erwachsenen. Doch fühlte ich mich endlich frei, ohne Schuld und Angst. Jeder Tag schien mir leuchtend hell, niemand kam und bedrängte mich, nicht einmal die Nachbarn. Wie Frühlingswind empfand ich mich, wie leises Erwachen und Blühen. Ich sang, wenn die Amsel im Ried anschlug, schwatzte mit den ersten Schwalben, schwebte fort auf Schäfchenwolken ins ferne tiefe Himmelsblau. Das Glück verscheuchte jegliche Trauer, auch die Stimme vom Sterben blieb stumm.

Ich spürte Sehnsucht nach irgendwohin, nach irgendwem, nach etwas Fremden. Sehnsucht, die ich nicht kannte bisher.

Obwohl mein Leben wie immer verlief. Ich mied den Kontakt zu anderen Kindern, spielte nicht und schwieg. Noch war Einsamkeit mein Pfad, gesäumt war er von Steinen aus Schweigen.

Nur meine Sehnsucht wuchs. Es war das zarte Sehnen nach Liebe. Nach Liebe, die ich nicht kannte. Obwohl ich noch ein Kind war, mein Körper keine Entwicklung zeigte.

Liebe aber ersehnte ich mir. –

Mein Vater war krank, er war nicht wie früher. Er tat mir leid, ich litt mit ihm, obschon ich ihm nicht helfen konnte.

So ging ich zur Schule, versorgte den Haushalt. Erst am Abend lief ich ins Wäldchen. Dort träumte ich meinen Frühlingstraum. Ersann mir einen Märchenprinz. Plötzlich stand er vor mir.

Mein Prinz hieß Ludwig.

Ludwig ging in die achte Klasse, viel älter war er als ich. Sein Haar war dunkel, blau die Augen, wendig jede seiner Bewegungen. Er war von edlem Prinzengemüt. So malte ich mir im Geist sein Bild, träumte zu jeder Stunde davon. Wir schwebten auf rosa Schäfchenwolken, bewohnten ein goldenes Schloß. Der Garten glich einem Sternenteppich, silbernes Mondlicht umhüllte uns; Ludwig und mich in meinen Träumen.

Die Wirklichkeit aber sah anders aus.

Wie ein Hündchen folgte ich Ludwig, zog mit ihm durch die Straßen. Wir rauchten, tranken Bier. Ludwig staunte, das kannte er nicht. Ein Mädchen, das ihm ständig folgte, rauchte und Bier trank.

Und dann die Art, wie ich küßte! –

Woher ich das könne, wollte er wissen.

Steine aus Schweigen umgaben mich, kein einziges Wort erfuhr mein Prinz.

Dann eines Abends passierte es.

Ludwig und ich gingen heimlich spazieren, trieben uns küssend im Wäldchen herum. Im blauen Dunkel des Frühlingabends.

Ich schaute zum Haus, kein Licht war zu sehen; so glaubte ich meine Eltern schlafend.

Der Abend war kühl, trotz Frühlingsluft. Langsam begann ich zu frieren. Kalter Wind durchzog meine Kleider, nicht einmal Ludwig konnte mich wärmen. So schlichen wir heimlich in unser Haus, setzten uns in die Stube. Mein Prinz und ich waren endlich allein.

Die Stube wurde zum goldenen Schloß, das Sofa zur rosa Wolke.

Dicht beieinander hockten wir, tranken Wein und flüsterten.

Ich spüre mein Herz vor Freude klopfen, zum ersten Mal hat es keine Angst.

Mein Prinz und ich sind glücklich.

Die Flasche ist leer, mir summt der Kopf. Ich bin zwar ein Kind, doch weiß ich Bescheid. Also geschieht, was geschehen muß.

Ich wende mein Liebsein und Streicheln an, die Dinge, die man mich lange lehrte.

Frühling ist es, ich treibe davon, auf Wolken erster Liebe. Geborgen bin ich, Ludwig ist da. Mein Märchenprinz küßt und umarmt mich.

Plötzlich blendet das Stubenlicht auf! Es fällt auf meine Eltern. Sie haben unsere Liebe belauscht, Zorn prägt ihrer beider Gesichter. Das meiner Mutter ist haßerfüllt, das meines Vaters starr vor Entsetzen.

Schweigend winkt er mich zu sich. »Du Luder, verdammtes Flittchen du!« Gefährlich leise ist seine Stimme. Bleich ist er vor Eifersucht. Mit derben Worten verjagt er Ludwig, droht ihm mit Polizei.

»Verfluchter Kerl, ich zeige dich an!« Mein Vater wirft eine

Flasche nach ihm. Ludwig hetzt hinaus in die Nacht; nie mehr seh ich ihn wieder.

Mein Vater beginnt mich zu schlagen. Er schreit und schimpft und tritt nach mir, zerrt mich in den Heizungsraum. Dort hält er mich gefangen. Er – der die Schuld an allem trägt. Wer denn lehrte mich Liebsein und Streicheln? Wer zeigte mir tausendmal, wie man küßt?

Drei Jahre alt war ich, da fing er an. Jetzt ist er blind vor Eifersucht, schlägt und tritt mich, sperrt mich ein.

Mein Vater, dem ich vertraute!

Glich ich nicht dem Frühlingswind? Durchweht von leisem Glück? Vorbei für immer, das spüre ich. In mir herrscht finsterste Dunkelheit, ein Strom von lautlosen Tränen bedrängt mich.

Verloren ist mein Märchenprinz, zerbrochen das goldene Schloß. Statt silbernem Mondlicht ein Schrei der Verzweiflung, Stille und Verlassenheit.

Der Pfad, den ich gehe, heißt Einsamkeit; Schweigen heißt meine Hütte. . .

Etwas zu Laura G.

Dieser Zwischenfall trug für Laura in jeder Hinsicht erhebliche Folgen. Wieder wurde sie von den Eltern streng bewacht, wieder durfte sie das Grundstück nicht verlassen und hatte sich in allem, was die Eltern ihr auferlegten, gehorsam unterzuordnen. Noch immer waren sie krank, trotz verschiedener Medikamente trat kaum Besserung ein. So mußte Laura weiterhin für sie und den kleinen Bruder sorgen. Sie führte den Haushalt und kam ihren eigenen Arbeiten für die Schule nach. Hin und wieder verging sich ihr Vater an ihr, sonst aber blieb sie während dieser Wochen weitgehend von sexuellen Übergriffen verschont. Es ist sonderbar, daß nichts von dem, was sich im Haus der Leiftens abspielte, nach außen drang. Niemand vermutete, was sich hinter den scheinbar so achtbaren, zuverlässigen und pflichtbewußten Eheleuten wirklich verbarg, wie sehr sie ihre Kinder quälten und zerstörten. Trotz häufiger Erkrankungen wurden sie von den Arbeitskollegen geschätzt und positiv beurteilt. Lauras Verderben war es, daß ihre Verhaltensauffälligkeiten in der Schule falsch oder gar nicht gedeutet wurden; zumal ein Erkennen ihrer wahren Situation äußerst schwierig war. Nach wie vor galt sie als gute Schülerin. Sie fiel nur durch ihre besondere Zurückhaltung und Passivität während des Unterrichtes und im Hinblick auf ihre Klassenkameraden auf. Andererseits verhielt sie sich aber einem bestimmten Lehrer gegenüber stets so aggressiv und störend, daß das Bild eines stillen Kindes nicht mehr zutraf auf sie. Laura hatte die Eigenart, ihre innere, nie zum Ausdruck kommende Wut, ihre Angst und unterdrückte Aggression an einem einzigen Menschen auszulassen, und zwar an jenem Lehrer, von dem sie glaubte, daß er ihren Störattacken am wenigsten gewachsen war. Das Kollegium irritierte ihr Verhalten. Doch letztlich gab man dann diesem

Lehrer die Schuld, von dem man ohnehin wußte, daß er sich nicht recht durchzusetzen verstand bei den Kindern und daher immer wieder zur Zielscheibe irgendwelcher Störenfriede wurde. So blieben die wahren Gründe für Lauras eigenartiges Verhalten unerkannt. Schaute einmal einer der Arbeitskollegen nach einem der beiden Elternteile (was in Abständen vorkam), so lobten sie das fleißige Mädchen und bewunderten die Rücksicht beider Kinder gegenüber den Eltern. Daß Angst der Grund ihrer großen Zurückhaltung war, ahnte nicht einer von ihnen.

Zu all den Belastungen, denen Laura durch das Kranksein der Eltern ausgeliefert war, kam schließlich wieder verstärkter Mißbrauch hinzu. Vor allem die Mutter war es, die sie auf das brutalste forderte und quälte. Durch Einflechten sadomasochistischer Gegenstände fühlte sich Laura neuerlich schwer bedroht. Wehrte sie sich, standen jene Strafen in Aussicht, die Todesangst in ihr hervorriefen. Es waren die des Tauchens unter Wasser, die des Strangulierens durch ein Tuch oder die Strafe des Erstickens durch ein Kissen oder ähnliches.

Die Mutter muß bereits Kenntnis satanischer Gewaltanwendung gehabt haben, bevor sie aktives Mitglied eines solchen Bundes wurde. Denn eben diese Gewaltakte waren bevorzugte Maßnahmen der Teufelsanbeter, um ihre Opfer zum Schweigen zu zwingen und ihnen die absolute Unterwerfung aufzudrängen. Und nicht anders wurde Laura erzogen.

Durch das ungeheure Maß an körperlicher und seelischer Belastung erkrankte Laura schließlich. Latent litt sie unter irgendwelchen Beschwerden. Dazu gehörten Sehstörungen, starke Kopfschmerzen, Gelenkschmerzen und die merkwürdige Neigung, unerwartet in eine kurze Ohnmacht zu fallen. Fachärzte wurden aufgesucht. Doch alle schickten das Kind wieder nach Hause mit der Diagnose, es handele sich um nichts weiter als um vegetative Störungen; was nicht verwunderlich sei, da das Kind zu ausgeprägter Hysterie neige. Es ließe sich weder anfassen, geschweige denn untersuchen von den Ärzten. Wieder blieb nur der Hausarzt, der in Abständen den kleinen Finch behandelte. Im Beisein der Mutter sah er sich Laura an, wobei die Mutter sich in gewohnter Weise beklagte über ihre schwierige Tochter, zu der kein Zugang zu finden sei. Der Arzt, dem das Mädchen nicht unbekannt war, beruhigte die Mutter. Lauras Störungen seien eine versteckte Verlustangst gegenüber dem Vater, da der durch seine Krankheit nicht genügend Zuwendung für das Kind erübrigen könne. Überdies sei es gleichfalls ein Ausdruck von Trotz, es wolle den Eltern sein eigenes Recht auf Kranksein zur Schau stellen. Am Ende kam man überein, den offensichtlich eingebildeten Krankheiten des Kindes keine weitere Beachtung zu schenken. Mit verordneten Placebos betrachtete man die Angelegenheit als abgeschlossen. Laura wurden die Scheintabletten über einige Tage hinweg verabreicht, bevor die Mutter ihr glauben machte, sie sei nun wieder gesund.

Zwar fühlte Laura sich weiterhin krank, doch aus Furcht vor Strafe verbarg sie ihr Unwohlsein und schob es auf das Böse, das sie tat; von dem niemand etwas wußte und das sie keinem Menschen erzählen durfte.

So lebte das Kind nahezu von der Außenwelt abgeschlossen. Räumlich wie seelisch; denn außer der Schule sah Laura nichts, und dort trennte sie ihr Schweigen von allen, mit denen sie zusammentraf. Es war genau das Verhalten, das die Eltern anstrebten, um aus Laura ein Satanskind zu machen. Ein Plan, den die Mutter gefaßt hatte und von dem sie später auch den Vater überzeugen konnte. Er, der seine Tochter nach wie vor fanatisch, ja krankhaft liebte, sah sie auf diese Weise gesichert. – Sexualmagische Rituale untersagen strengstens die Entjungferung eines Mädchens; als Opfer ist

es an den Bund gefesselt und darf auch später keine Jungen-
freundschaften eingehen, geschweige sexuellen Kontakt zum
anderen Geschlecht suchen.

So stimmte er irgendwann dem verhängnisvollen Plan der
Mutter zu.

Das Unglaubliche, was Laura bisher erdulden und erleiden
mußte, wird sich im letzten Teil des Buches bis auf das
Äußerste steigern. Jeder, der das Folgende liest, wird sich die
Frage stellen, wie ein Kind dergleichen überleben kann
beziehungsweise konnte. Und doch war es so!

Das ist zum einen darauf zurückzuführen, daß die meisten
der satanischen Erfahrungen, die Laura machte, nicht von
ihr, sondern von dem von ihr geschaffenen Persönlichkeitsanteil Marta erlitten wurden. Zum anderen sorgte die
Mutter dafür, daß vor den Zelebrationen der schwarzen
Messen entsprechende Mittel verabreicht wurden, die
Laura willenlos und apathisch machten. Da sie es verstand,
durch die erlernte Atemtechnik ihr Körperbewußtsein aus-
zuschalten, rettete sie sich auf diese Weise selbst, so daß das
Überleben gewährleistet war. Nimmt man hinzu, daß ihre
Erfahrungen abgespalten wurden und nicht mehr erinner-
bar waren, wird das Überstehen dieser qualvollen Jahre
erklärbar.

Nicht unwesentlich ist auch, daß ein Hauptteil des täglichen
Lebens von der Alltagspersönlichkeit bewältigt wurde. Rei-
femäßig lag sie weit über dem Alter von neun Jahren, dem
momentanen Alter Lauras. Pflichtbewußt und umsichtig
meisterte dieser Persönlichkeitsanteil alle Aufgaben, die täglich anfielen. Drohte dieser Teil aufgrund seiner Über-
belastung doch einmal zu versagen, schaltete sich sogleich
die alles kontrollierende Richterin ein, die gleichfalls einen
Persönlichkeitsanteil Lauras ausmachte.

Laura selbst dämmerte zwischen all diesen Persönlichkeitsanteilen still dahin. Eingehüllt in ihr Schweigen, verfolgt von

Angst und Unwohlsein, wußte sie manchmal nicht, ob sie wachte oder träumte, ob sie lebte oder tot war.

Wir wissen, daß Laura ein ungewöhnlich starkes Kind war, das im Laufe seines traumatischen Schicksals sogar noch an Stärke gewann. Es ging weder an den erlittenen Erfahrungen zugrunde, noch wurde es später Opfer von ihnen. Statistisch gesehen wäre das eine logische Schlußfolgerung gewesen; Kindern, denen es an allem fehlt, was zum gesunden Gedeihen von Körper, Geist und Seele notwendig ist, tragen immer – fast immer – sichtbare Folgen davon. Das heißt, sie geraten auf Abwege.

Was Laura davontrug, war ein zerstörter Körper. Immer war sie krank, oft mußte sie operiert werden, was es ihr unmöglich machte, einem erstrebten Beruf nachzugehen. Doch sie hat es geschafft; zum Erstaunen aller, die von ihrem Schicksal Kenntnis haben. Nach Auflösen ihrer Amnesie gewann sie Einsicht in sich selbst, in die Ursache ihres Leidens, das nicht Eigenart ihres Körpers ist, sondern durch unverantwortliche und skrupellose Menschen verursacht worden war. Sie hat Licht in das Dunkel ihrer Kindheit bringen können, war bereit, sich noch einmal in die Finsternis zu begeben. Ängste, Schmerzen und Folter bewußt zu durchleben, ohne die Hilfe von Medikamenten oder stellvertretenden Persönlichkeitsanteilen. Nicht eine Fluchtmöglichkeit bot sich ihr, doch Laura ist diesen Weg noch einmal gegangen. Wir werden ihr folgen.

Dritter Teil

Niemand wird mir glauben, wenn er mich sieht, mit mir spricht, daß ich die Hölle durchlebt habe: in meiner Kindheit, und jetzt noch einmal. Fernab des Frühlings, des Sommers, der leuchtenden Farben des Herbstes. Und doch entspricht es der Wahrheit!

Ich habe die Hölle durchlebt! Noch brennt sie in mir!

Ich möchte ihr entkommen. Mich nicht mehr erinnern.

An das, was gewesen ist. An das, was noch auf mich wartet.

In meiner Erinnerung; in Bildern, die sich mir zeigen.

Ich wünschte, es würde schweigen in mir. Schweigen ist meine große Hoffnung, wie Schweigen mir damals Qual war.

Ich möchte, daß die Erinnerung ruht. Sie, die mir der Schlüssel war zum schwarzen Strom meiner Kindheit. Zu meinen seltsamen Eigenarten: Ich kann in keine Kirche gehen.

Sehe nie zum Kreuz auf.

Nicht in das Licht der Kerzen.

Sakrale Gesänge machen mich fürchten.

Ich war und bin ein gebranntes Kind, scheue das Feuer wie nichts.

Ein einsames Moor löst Panik aus.

Entsetzen verlassene Höfe und Scheunen.

Vor allem ein Schafstall macht mich erstarren.

Das rauhe Geblök eines Bockes.

Ich hasse Fell, meide Tiere! Schweiß bricht mir aus bei Katzengegrein.

Und dann erst ein stiller Friedhof!

Tote, die in der Erde ruhen.

Ein dunkler Himmel mit silbernem Mond.

Ich war und bin ein gebranntes Kind, scheue das Feuer wie nichts.

Das alles ist ein Teil meiner Wahrheit. Das ist es auch, was brennt in mir. Bis das Feuer endlich erlischt; die Flammen meiner Erinnerung. Inneres Schweigen mir Frieden schenkt.

Wann das sein wird, weiß ich nicht. Und doch, ich kann warten.

Geduld ist mir vertraut.

Nicht nur der Sommer nahte, auch der Abgrund. Satan rückte in meine Nähe, ohne daß ich es ahnte.

Es war im Mai, an einem Sonntag. Ich wußte mich in dem Bett meiner Eltern; schwach erinnerte ich die Nacht. Das schreckliche Haus mit dem Himmelbett. Flüchtige Bilder entstanden in mir. Ich sah meinen Vater, wie er mich holte. Zusammen fuhren wir heim. Matt war ich und ausgelaugt, alles tat mir weh. Mein Vater merkte mein Unwohlsein. Zu Hause nahm er mich zu sich ins Bett; er wünschte, daß ich ruhig schliefe, so ließen mich meine Eltern in Frieden.

Nicht lange, so war ich eingeschlafen, sank in ein Meer von düsteren Träumen. Bis ich schließlich erwachte, neben mir meine Eltern spürte. Sie schliefen nicht, sie redeten.

Es war meine Mutter, die leise sprach. Von schwarzen Messen und Weihen; von Macht und satanischer Kraft.

»Macht und satanische Kraft?« Mein Vater gab seinem Zweifel Ausdruck.

»Du wirst nicht länger ein Schwächling sein. Satan gibt dir Macht; und Laura wird das Medium.«

Schweigen folgte diesen Worten. Dann fuhr meine Mutter fort, es war, als sei sie verwandelt. Sie sprach von Blut und Opfer. Vom Licht, das zu bekämpfen sei. Herrscher der Welt sei Satan, sonst niemand.

124

Wieder hörte ich Schweigen.

Mein Vater erhob sich, ging auf und ab. Ich spürte seine Unruhe.

»Bedenke, Laura ist ein Kind.« Sein Einwand kam leise, zögernd.

»Satan hat Macht und Kraft. Vertraue ihm Laura an.«

Mein Vater seufzte. Er räusperte sich, antworten tat er nicht.

»Hör mal, sei stark, beweise dich endlich.« Meine Mutter gab nicht nach. Jetzt endlich war er soweit, mein Vater willigte ein. Nun wurde vom teuflischen Bund gesprochen. Ich lauschte und tat, als ob ich schliefe. Schließlich stand meine Mutter auf, verließ meinen Vater und ging ins Bad. Mein Vater streichelte sacht mein Gesicht.

»Bald wirst du etwas Besonderes.«

Ich hielt die Augen geschlossen. So stand er auf und trat an das Fenster, starrte reglos in den Morgen. Minuten, dann ging auch er in das Bad.

Allein blieb ich mit meinen Gedanken. Ich grübelte, wer der Herrscher ist. Satan – das Wort war mir fremd.

Wie bald würde es mir vertraut. Wie bald schon würde ich Satans Kind.

Es war im September, ich weiß es. Im Wäldchen, im Garten wachte die Nacht. Durchstrahlt vom Silber des Mondes, von stillen weißen Wolkenschiffen. Im Ried unseres Daches flüsterte Wind, ein Käuzchen schrie, noch zirpten die Grillen.

Ich lag und horchte ins Dunkel der Kammer. Seit Stunden fand ich keinen Schlaf. Die Unruhe schaute zum Fenster herein, die Angst, die mich belauerte.

Mein Vater war fort, er hatte Nachtdienst. Ich wußte einen Fremden im Haus. Ich hörte seine dunkle Stimme, hörte, wie er herumging. Ein sonderbarer Gesang ertönte, dumpf klang er, ich fürchtete mich. Jetzt knarrte die Stiege zum Boden. Kam der Fremde die Treppe herauf?

Folgte ihm meine Mutter?

Nach kurzer Zeit erschien der Fremde. Lautlos trat er an mein Bett, hob mich schweigend aus den Kissen. Die Küche war es, in die er mich brachte. Helles Mondlicht floß durch das Fenster, brach sich an einer goldenen Schale, fiel auf den Tisch mit dem schwarzen Tuch, worauf mich der Fremde legte.

Ich lag wie erstarrt in Schweigen, hatte nur einen Gedanken. Wurde ich wieder zu Bösem gezwungen? Warum sonst wurde ich ausgezogen? Warum wurde ich gefesselt; an Händen und Füßen festgebunden? Keine Bewegung war mir möglich, nur mein Herz schlug zum Zerspringen.

Im Licht des Mondes sah ich den Fremden. Er trug einen Umhang, dazu eine Maske. Nur sein schmaler Mund war sichtbar, ein Stück der gebogenen Nase. Er trat an das Fenster, schaute zum Mond, verneigte sich tief, bevor er zurückkam. Zu mir, die ich wie betäubt war. Das dunkle Geschehen lähmte mich, lähmte jeden Gedanken.

Es war der Beginn eines Satansaktes.

Der Fremde greift nach der goldenen Schale, reicht sie meiner Mutter. Mit Blut setzt sie Zeichen auf meinen Körper, auf Stirn, auf Hals, auf meinen Leib.

Noch heute empfinde ich Übelkeit. Ich hasse Blut, mag es nicht riechen.

Damals schwanden mir fast die Sinne; in jener Nacht, da alles begann. Ich sah, wie meine Mutter sich auszog, wie sie schweigend zu Boden ging, erwartungsvoll zum Fremden blickt, der seinen Umhang ablegt. Von irgendwoher tönt Trommelschlag, beklemmender Rhythmus, er dient der Ekstase.

Im Schein von Kerzen vereinen sie sich, der Fremde und meine Mutter. Gespenstische Szene im silbrigen Dämmer.

Mir ist, als sei ich der Zeit entrückt; als drängten Dämonen zum Fenster herein, umwoben schweigend den Satansakt.

Schließlich herrscht Stille, die Trommel verstummt.
Was bleibt, ist der schwere Atem des Fremden, das Seufzen meiner Mutter.
Fand diese teuflische Nacht nun ein Ende? Ließen mich die Dämonen frei?
Doch wieder ertönte das dumpfe Getrommel. Jetzt war ich das erwählte Opfer. Ich spürte Hände an meinen Schenkeln. Quälende Schmerzen durchzuckten mich. Ein Brennen, als wäre ich loderndes Feuer.
Was tat man mir! Was war es?
Mein letzter Gedanke, bevor ich stürzte. Satanische Qual, sie stieß mich in Tiefen. Glühendes Schweigen umfing mich. –
Als ich erwachte, graute der Morgen. Schon sangen Vögel. Ich sah mich um. Was war geschehen? Ich lag in meinem Bett; doch war ich müde und benommen.
Mit einem Schlag entsann ich mich. Ich fühlte mich wieder mit Blut gezeichnet, empfand das Feuer zwischen den Beinen, das Brennen in meinem Körper.
Scham! Wie sollte ich weiterleben? Ich traute mich nicht unter Menschen. Wie schmutzig war ich, und wie böse! Schlimmer als jedes Kind. Sollte ich sterben? Warum nicht sterben?
Tod bedeutete ewiges Schweigen. Schien wie Licht in der Finsternis. War er mein rettendes Ufer?
Ich fühlte mein Herz in bleierner Schwere. Das Lied meiner Seele war ausgelöscht.
So glitt ich aus dem Bett. Zaghaft trat ich vor den Spiegel. Was würde mein Körper verraten? Ängstlich zog ich mein Nachthemd hoch.
Keine Spur von Blut war zu sehen; rein und weiß war die Haut.
So war es vielleicht nur ein Traum? Ich starrte auf mein Spiegelbild. Die Augen dort, was sagten sie?
Alles geträumt, versicherten sie; alles nichts als ein Traum.

Also gab ich mich seufzend zufrieden. Ich glaubte, was mir mein Spiegelbild sagte, obgleich ich mich zerschlagen fühlte. Bedrückt stieg ich in meine Kleider, aß einsam mein Frühstück und ging in die Schule. Dort blieb ich still und im Hintergrund. Ich sprach mit keinem Kind. Ich saß nur da und starrte zum Fenster.

Fetzen des Traumes holten mich ein. Ich schob sie davon, ich wollte sie nicht. Vergessen, das war es, was ich wollte. Wenn es auch nur ein Traum war.

Tief in mir begrub ich die Bilder, schloß die Tür für immer.

Verloren lebte mein Traum im Verborgenen, bis die Nacht der Nächte kam.

Es war jene Nacht, Halloween genannt. Dunkel war es, totenstill. Die Ruhe der Toten umgab uns. Mich und meine kindliche Seele. Unvermutet entwich sie mir, flog ängstlich auf einen Baum. Dort hockte sie im schwarzen Geäst, blickte auf das, was unten geschah.

Im Dunkel des Friedhofs leuchten Fackeln. Ihr Feuer scheint auf ein offenes Grab, streift ein Kind, das davorsteht. Das Kind ist nackt, es zittert. Doch nicht vor Kälte, die spürt es nicht; Todesangst macht es zittern. Es starrt wie versteinert hinab in die Gruft, hinab auf den Sarg, der offen ist. Neben dem Kind wacht ein Hohepriester. Er trägt eine Kutte, verziert mit Federn. Katzenfell schmückt die Kapuze. Sein Gesicht verbirgt eine schwarze Maske. Wie jedes Gesicht der Satansgestalten, schweigend stehen sie um das Grab.

Das Grab, in das ich hinabsteigen soll.

Ich, das Kind, das dem Teufel geweiht wird.

Ich blicke hinauf zum nächtlichen Himmel. Kein einziges Licht zeigt die düstere Stirn, kein einziger Stern spricht mir Trost zu. Nur Satans machtvolle Finsternis redet. Satans schwarzes Geschehen.

Schweigend reicht mir der Priester das Messer; das Herz des Toten verlangt er von mir; ich solle hinab in das Grab.
Totenstille Friedhofsnacht. – Gespenstisches Flackern der Fackeln.
Ich tue, was mir bestimmt ist. Schneide dem Toten das Herz aus der Brust. Die Satansanbeter verfolgen mein Tun, leise murmelnd, wie zum Gebet. Ich reiche dem Priester das Herz. Er legt es in die Opferschale, verneigt sich und schreitet zum nächsten Grab. Auch dieses ist geöffnet. Ich sehe hinab in die düstere Erde; erloschenes Leben, auch hier! Wie in Trance bewege ich mich, vollziehe das Ganze noch einmal. Dann ist es Zeit für die schwarze Messe.
Ein schweigender Zug von Satansbrüdern schreitet über den Friedhof zur Kirche, sie ist der erwählte Ort!
Satansmesse im Angesicht Christi!
Warum mit mir? Was hatte man vor?
Ich wußte nichts vom teuflischen Bund, dem teuflischen Tun meiner Eltern. Sie hatten mich diesem Bund verschrieben! Entsetzliches Erbe, das ich antrat! Dies war die Nacht meiner Weihe.
Man führte mich vor den Altar. Schwarzverhangen, mit schwarzen Kerzen, Licht in Satans Finsternis.
Der Hohepriester zerteilte die Herzen, reichte jedem, auch mir davon. Noch heute entsetzt mich der Augenblick.
Damals war ich willenlos. Alles tat ich, was man verlangte. Viel stärker als ich war die Todesangst. Sie zwang mich zu gehorchen.
Schwarze Kerzen, Fackelschein, seltsames Licht, es machte mich frieren. Wie alles, was mich umgab.
Das Pentagramm mit dem Totenschädel, dem Zeichen des teuflischen Bundes. Und dann erst die Qual am Kreuz. Mit Seilen wurde ich festgebunden, umgekehrt wurde es aufgehängt. So hing ich am Kreuz mit dem Kopf nach unten, inmitten des hohen Gewölbes.

Satanische Qual, sie gehörte zur Weihe.

Wie auch meine Mutter. Plötzlich erschien sie, sonderbar lächelnd. Unter mir schritt sie nackt dahin. Sie schien sich in tiefer Trance zu befinden.

Ich schloß die Augen, mochte nichts sehen. Ein dumpfes Brausen war mir im Kopf, ein Hämmern, das mir Schmerzen machte. . .

Leise Gesänge schreckten mich auf, ein schwellender dunkler Orgelton, dazu das Gegrein einer Katze.

Düstere Szene, ich seh sie noch heute. Der schwarze Altar mit den nackten Körpern; der des Priesters, der meiner Mutter.

Ekstatischer Akt im Beisein aller. In Gegenwart meines Vaters.

Ihn jedoch erkannte ich nicht. Wie alle trug er die Augenmaske, wie alle eine Kapuze.

Schmerzhaftes Dulden! Wer nur half mir! Wie halb gestorben hing ich am Kreuz. Verschwommen nahm ich das Treiben wahr.

Unvermutet herrschte Stille, der magische Akt war beendet. Doch nicht die Weihe zum Satanskind.

Medium sollte ich werden; Mittler satanischer Macht und Kraft.

Ich, die man mich dem Teufel verschrieb.

So wurde ich also vom Kreuz genommen, schweigend auf den Altar gelegt. Mit feinsten Nadeln ans Jenseits geschlossen; man hatte sie unter die Nägel geschoben, an jedem Finger, an jedem Zeh. . .

Durch Strom fand ich Zugang zu Satans Reich!

Jeder Stromschlag rief Mächte ins Leben. Satanische Mächte, die mich durchfuhren; Kraft vom Jenseits ins Diesseits.

Die Teufelsmesse nahm ihren Fortgang, obwohl ich fast nicht bei Sinnen war.

Langsam schwand mir jedes Bewußtsein, jedes Gefühl für Zeit und Raum. Ich spürte kaum den Schnitt in den Schenkel. Hellstes Blut quoll hervor. Der Priester vollzog den Satanspakt; vermischte mein Blut mit seinem Urin. Dann sprach er den Weihespruch:
»Laß nie von meinem Zauber verlauten; sonst kehrt er sich ins Gegenteil. Leiden wirst du und elendig sterben. Merke, es ist Juvetas Zauber. Ich, Juveta, bin überall. Und du als ein Kind des Satans mußt schweigen. Ab heute gehörst du mir!«
Die schwarze Messe fand ihr Ende in Tanz und satanischem Sex...

Als ich am folgenden Morgen erwachte, bestürmten mich die schrecklichsten Bilder. Ängstlich sah ich mich um. Ich vermeinte schwarze Gestalten zu sehen, das Kreuz, an dem ich gehangen hatte.
Doch niemand und nichts war zu sehen. Nur Herbstwind drängte gegen mein Fenster, Kälte, die mich frösteln machte. So lag ich frierend im Bett. Elend und schuldig begann ich zu grübeln. Nichts von der Weihe begriff ich; nur, daß es schlimmste Qual war. Haßgefühle stellten sich ein. Bis heute lodern sie in mir; in solchen Dingen verzeihe ich nicht!
Doch damals gab es mehr Angst als Haß. Ich fürchtete Juveta.
Er sagte, er sei überall; immer hörte und sähe er mich.
Wie konnte ich jetzt sicher sein? Ich lag von Unruhe und Furcht geplagt, horchte in mich hinein.
Kein heller Gedanke bewohnte mich; kein einziges Licht, kein Trost.
Verlassenheit stieg zum Fenster herein, Trauer, tiefste Einsamkeit.
Schmutzig war ich, schuldig wie keiner! Schwere Seufzer entrangen sich mir. Wäre mein Seufzen doch sternenbesetzt.

Wie sonst konnte Licht in mir werden? Sterne vertreiben die Finsternis!

Doch alles blieb dunkel, nichts geschah. So suchte ich Trost im Schlaf.

Die nächsten Tage verbrachte ich grübelnd.

Juveta! Sein Name verfolgte mich. Ich wollte ihm nicht gehören. Ich wollte kein Geheimnis sein! Nichts von dem Grauen wünschte ich! – Ich sehnte mich, allein zu sein, ungesehen in unserem Wäldchen, frei in meinem Rotdorn. Doch das war mir genommen. Juveta sah mich überall! Wieder wollte ich sterben. Ich wünschte mir den Tod herbei, ich brauchte nur den rechten Moment.

Er kam an einem der nächsten Tage.

Es war nicht mehr hell, es dunkelte. Ich fuhr mit dem Fahrrad nach Haus.

Ein Lastzug! Das war der rechte Moment!

Doch wieder geschah, was schon einmal passierte; ich stürzte, doch blieb ich am Leben.

Warum gelang mir das Sterben nicht?

War es, weil ich schmutzig war? Mochte der Tod kein Kind wie mich?

Der Zorn meiner Mutter war nicht zu beschreiben; sie strafte mich mit Schlägen. Mein Vater erging sich in Schweigen. Er sprach kein einziges Wort mit mir; außer, daß er enttäuscht sei.

So trieb ich im schwarzen Strom meiner Kindheit.

Ich hielt mich in mir selbst versteckt; blieb mir selbst verborgen.

Dann folgte die nächste Satansnacht.

Mein Vater fuhr durch die Dunkelheit, mit mir, die ich nichts sehen konnte. Meine Mutter hatte mir die Augen verbunden, schweigend saß sie neben mir. So lauschte ich ängstlich dem Regen.

Ich nahm kaum wahr, was vor sich ging; daß mein Vater den Wagen stoppte, den Motor ausstellte, die Tür aufstieß.

Erst, als ein Luftzug mich traf, fuhr ich erschrocken auf. Mein Vater befahl, daß ich aussteigen solle.

Kalter Nachtwind schlug mir entgegen, vermischt mit einem scharfen Geruch. Es mochte wohl nach Schafen riechen ...

Mein Vater faßte mich unter. Er führte mich, ich weiß nicht wohin.

Stimmen drangen an mein Ohr. Schritte, leises dumpfes Getrommel.

Juvetas Gefolge erwartete mich.

Irgendwer trat hinter mich, irgendwer nahm mein Tuch von den Augen. Jetzt endlich konnte ich sehen. Es schien ein alter Schafstall zu sein, schwach beleuchtet vom Fackelschein. Kapuzengestalten erkannte ich, den Totenschädel, das Zeichen des Bundes.

Juveta erscheint, er kommt auf mich zu. Beklemmende Macht strömt er aus. Jeden Willen erstickt sie in mir. Er führt mich zum schwarzen Altar, zündet schwarze Kerzen an. Machtvoll wirkt sein schweigendes Tun. Nichts bleibt ohne teuflischen Segen; Juveta versprüht Urin, das heilige Wasser des Satans. Es trifft auch mich, das Satanskind. Wie versteinert stehe ich da. Mein Körper ist schwer, mein Geist benommen.

Noch heute ist mir mein Zustand ein Rätsel. War es die Macht, die Juveta besaß? Die dunkle Kraft des Satans? Daß ich wie versteinert dastand, zuließ, was geschah?

Man zieht mir meine Kleider aus, hebt mich auf den schwarzen Altar, fesselt mich an Händen und Füßen.

»Ein Satanskind muß Schmerzen erdulden!« Machtvolle Worte des Hohepriesters; sie wandeln sich um in stumme Angst, werden zu quälenden Dornen.

Dornen preßt man mir unter die Füße. Wieder und wieder, ohne Pause. Ich spüre nichts, nur Kälte und Trauer. Die Schmerzen erleide nicht ich; ich bin längst geflüchtet.

Marta ist es, die leidet. Sie erträgt die Qual statt meiner; sie, die neue Schwester in mir.

Zwei Satansjünger nähern sich ihr, sie führen ihr kaltes Metall in den After, streuen ihr Feuer zwischen die Beine.

»Ein Satanskind muß Schmerzen ertragen.«

Wer war es, der die Worte sprach?

Kein Laut entrang sich Martas Lippen. Satan gebot ihr Schweigen.

Der Winter hatte den Herbst abgelöst. Seit Stunden sanken Flocken vom Himmel, schwer und still, ein lautloser Tag.

Schwer und still war auch mir zumute. Matt und elend fühlte ich mich. Juvetas Nächte nahmen kein Ende, ohne daß ich mir dessen bewußt war. Marta litt statt meiner. Doch Marta bewohnte wie ich meinen Körper. Die Folgen satanischer Qualen trug er, immer hatte er Schmerzen. Irgendwo war ein Brunnen in mir, ein tiefer Schacht, wo alles ruhte. Mein Körper aber war Zeuge der Qual. Schwach war er und ohne Leben. Nachts verfolgten mich schwerste Träume, ich fand mich in kaltem Schweiß gebadet, wenn ich schließlich schreiend erwachte, schlotternd am ganzen Körper. Trotz meiner Schmerzen ging ich zur Schule. Meinen Eltern verschwieg ich mein Unwohlsein. Ich lernte und tat, als ob nichts wäre. Niemand schöpfte Verdacht.

Doch alles tat ich wie im Traum. Ich sah mich selbst wie im Schlaf wandeln. Es war, als sei ich fern von mir, als trennte mich eine gläserne Wand, von mir und dem übrigen Leben. Was ich empfand, entsprach meinem Zustand. Nicht ich war es, die den Tag durchlebte. Die Alltagspersönlichkeit führte mein Leben. So war ich allein und doch nicht allein, bewohnte mit Schwestern meinen Körper, ohne sie zu kennen, ohne sie jemals gewahr zu werden. Wo blieb das Kind, wo Lissi? Wo die Alltagspersönlichkeit? Dann, wenn Martas Stunde kam? Und ich erst, wo blieb ich? Hatte ich mein Versteck in mir, oder entfloh ich wie meine Seele?

Manchmal kam ich hervorgekrochen. Wenn ich glaubte, sicher zu sein. Lautlos entschlüpfte ich fernen Winkeln. Dann stand ich am Fenster und schaute hinaus. Ich sah in die schweigende Winterwelt. Wie kalt und stumm sie vor mir lag! Ohne den bläulichen Schimmer von einst. Ohne verschneite Zaubergestalten. Kein Flockengewirr ließ Freude entstehen, nicht die hellste Winternacht, wenn Stern um Stern den Himmel besetzte.

Ein einziger Stern im Schwarz meiner Kindheit. Das! Nicht mehr ersehnte ich! Mit jedem Morgen erloschen sie. Nicht einer blieb mir, nicht einer!

Schwärzer als schwarz war der Strom meiner Kindheit, ohne rettendes Ufer.

Neue Bilder holen mich ein. Ich fürchte sie wie nichts, möchte ihnen entkommen. Inneren Frieden wünsche ich mir. Trotz allem aber bleiben sie; wo ich auch bin, sie verfolgen mich. Flüchtige Bilder, sie ängstigen mich. Immer dichter werden sie. Verbunden sind sie mit Panik, mit Schmerzen ohne sichtbaren Grund. Ich ziehe mich in mich selbst zurück, lasse die Bilder sprechen. . .

War es zur Wintersonnenwende? Ich bin mir nicht sicher, weiß es nicht. Ein Fest war es zum Lobe Juvetas; erwählter Ort war die Kirche. Fackelschein erhellte das Dunkel, im flackernden Licht das Pentagramm. Mittendrin eine schwarze Katze. Noch lebte das Opfer der Teufelsmesse, spähte mit grünen Augen umher. Fremde Laute gab es von sich, seltsame Töne der Angst. Das Kirchengemäuer verschluckte sie, wie mich, mein furchtsames Dulden, im winterkalten Gewölbe.

Wieder hing ich am Christuskreuz, hing mit dem Kopf nach unten. Noch hielt ich aus, noch war ich bei Sinnen.

Ich blickte auf nackte Körper. Sexualmagie, Magie der Geschlechter. Begleitet von rhythmischem Trommeln. Im Zentrum satanischer Lust meine Mutter. Sie als einzige Frau, vereint nicht nur mit Juveta. Ihm folgten andere Satansjünger. Ein Akt löste den nächsten ab.

Ich spürte starke Schmerzen. Nicht nur im Kopf, in allen Gelenken.

Doch klagte ich nicht, keinen Laut gab ich von mir.

Ein Satanskind muß Schmerzen ertragen.

Je stärker die Schmerzen, desto größer die Macht. Längst wurde ich von allen verehrt, von allen Satansjüngern bewundert.

Endlich fand der Sex ein Ende. Wieder war die Zeit an mir. Die Zeit für satanische Macht aus dem Jenseits, Juveta war bereit.

Langsam läßt man mein Kreuz zu Boden, doch ohne mich davon loszubinden. Von irgendwoher tönt ein Katzenschrei; nur kurz, dann ist es still.

Man hatte der Katze die Kehle durchschnitten; brauchte das Blut als stärkenden Trank, um mich, um meinen Körper zu zeichnen.

Wieder entfloh meine Seele, flog ängstlich davon und verkroch sich.

Und ich? War ich es, die Folter erlitt? Satanische Macht ins Diesseits brachte?

Marta war es, die Strom durchzuckte. Jeder Stromschlag zum Lobe Juvetas.

Wie viele es waren? Ich kann es nicht sagen. Ich sah nur, wie Marta litt, obwohl sie keinen Laut von sich gab.

Satanische Mächte erfüllten die Kirche, schwarze Magie im Angesicht Christi.

Böser als böse wollte man sein. Nichts anderes war das Ziel!

Kampf mit dem Guten, Kampf mit dem Licht.

Herrscher der Welt war Satan! Teuflische Macht sät teuflische Kräfte, sie machen den Menschen unsterblich.

Flüchtige Bilder, wie ich sie fürchte! Düstere Erinnerung! Schlüssel meiner Eigenarten: keine Kirche, keine Kerzen, keine sakralen Gesänge. Und nie möchte ich begraben werden! –

Unendlich ist die Zahl meiner Ängste; unendlich das, was zu Satan zählt, zu dessen Kind ich geweiht war.

Schwarzer Strom meiner schwarzen Kindheit, wie gut bliebst du verborgen. Niemand sah deine reißenden Strudel, keiner kannte deine Tiefen.

Nur ich! Mir warst du vertraut...

Denke ich heute zurück an die Schrecken der schwarzen Messen, die jedesmal ihre Spuren hinterließen, meinen Körper langsam zerstörten und schwächten, so frage ich mich, wie ich es schaffte, am Leben zu bleiben. Normalität vorzutäuschen, ein Kind wie jedes andere zu sein.

Und immer wieder Schweigen.

Schweigen zu allem, das ich erlitt.

Es blieb ja nicht nur bei den Satansmessen. Auch der Mißbrauch setzte sich fort. Wie früher verging sich mein Vater an mir. Nur die Art war anders geworden. Längst war er nicht mehr so zärtlich. Meistens verhielt er sich stumm, wenn ich ihn befriedigte oder er sein Verlangen stillte. Irgendwo flüchtig in dunkler Ecke. Und dann die vielen anderen. Der Gärtner von nebenan, Ecke Lau, auch er bezahlte. Wie die Fremden im Himmelbett.

So nahm auch der Mißbrauch kein Ende!

Die Woche wurde ich dreimal Opfer! Das übers ganze Jahr geschlagen: macht etwa hundertfünfzigmal.

Und diese Zahl mal zehn genommen!

Vom dritten bis dreizehnten Lebensjahr!

Ich selbst betrachte mich fassungslos. Wie kann ein Kind das überleben? Ein Drama! Ein Trauma ohne Ende!

Und was hat es mir gebracht?

Nichts als Krankheit und ständige Schmerzen. Mit zehn schon begannen die Leiden!

So litt ich, war krank und einsam.

Die Last meiner Kindheit wog schwerer als schwer. Mein schwarzer Strom war voller Tiefen!

Einmal ein sicherer Tag? Einmal ohne Angst? Nicht, daß ich mich entsinnen kann.

So begann ich mich zu verbergen. Ich verschanzte mich in mir selbst. Der Rest, der von mir geblieben war.

Ein Kind war ich und schon gestorben. Ein lebender Leichnam, mehr war ich nicht.

Selten kam ich aus mir hervor. Selten fand ich Mut dazu. Wenn doch, so suchte ich unbewußt Hilfe. War niemand da, der mir half? Es mußte doch irgendwen geben. Nach irgendwem verlangte ich, nach irgendwem schrie meine Seele.

Sie glich einem Vogel ohne Heimat, flatterte rastlos umher. Ängstlich und stets auf der Hut.

Mein Suchen blieb vergeblich. Niemanden gab es, der mich schützte, niemand hörte mein Schweigen!

So folgte mir nur die Einsamkeit, begleitet von Bruder Schweigen.

In jenen Jahren ahnte ich nicht, wie stark ich schon geworden war.

Unbewußt setzte ich Pfähle. Starke, die mich später trugen, sie gaben mir Halt in dunkelsten Stunden.

Doch damals ahnte ich nichts davon.

Ich ging zur Schule und lernte. Tat täglich meine Pflicht. Noch zählte ich zu den bravsten Kindern.

Am Tag! In der Nacht tat ich Böses!

So war es mit mir, als ich zehn war.

Und wie nun stand es um Finch?

Mein kleiner Bruder war fast sieben. Ein blasser Junge ohne Freude; nie sah ich, daß er Spaß am Spiel fand.

Andere Jungen? Kein Interesse! Auch in der Schule war er still, er verhielt sich nicht anders als ich.

Der Mißbrauch hatte auch ihn zerstört. Oft war er deshalb krank. Er klagte über Migräne, auch quälten ihn schwere Hustenanfälle; fast wäre er erstickt daran.

Und ich, ich konnte Finch nicht helfen!

Ich wurde von ihm ferngehalten. So blieb mir Finch ein Fremder. Er ist mir bis heute fremd geblieben.

Meine Eltern hatten den Hausarzt gewechselt. Seit sie dem Satansbund zugehörten, behandelte uns ein anderer Arzt. Ein sonderbarer Mann. Ich mochte ihn nicht. Ich brauchte ihn nur von weitem zu sehen, schon spürte ich Beklommenheit. Der Doktor wirkte bedrohlich auf mich. Das mochte an meiner Mutter liegen; sie taten sehr vertraulich, schienen sich zu kennen. Auch strahlte der Doktor Kälte aus, er flößte Kindern Furcht ein. Mir fügte er Schmerzen zu, im Beisein meiner Mutter. Ich denke, er zählte zum Bund meiner Eltern, war einer der teuflischen Bruder.

So floß unser Leben dunkel dahin. Still, am Rande der Wirklichkeit. War das, was wir lebten, Wirklichkeit? Ein seltsames Leben, schattig und düster. Es paßte in unser Haus. Nichts von allem änderte sich, nichts, das mich hätte retten können. Hilflos war ich ausgeliefert; allem, was man mir antat.

So trieb ich im Strom meiner schwarzen Kindheit, innerlich entzweigerissen.

Zum einen suchte ich Hilfe! Zum anderen mußte ich schweigen! So jedenfalls gebot es der Bund, Juvetas tausend Augen.

Sollte ich doch mein Schweigen brechen?

Trotz Juvetas Warnung?

Schon hatte er meine Gedanken entdeckt, die Antwort gab er mir selbst.

Ort des Geschehens war wieder die Kirche, in heller frostklarer Nacht. Die Mauern waren von Kälte durchwoben, von Dunkelheit und Fackelschein. Im Stern des Satans brannte ein Feuer.

Ich weiß, ich lag auf dem schwarzen Altar, nackt wie zu jeder Teufelsmesse; auch hatte man mich gefesselt. Drohte mir wieder satanische Folter?

Ich fror, der Atem der Kirche war eisig. Trotz des Feuers, der Fackeln. Man hatte mir etwas eingeflößt. Was es war? Ich weiß es nicht. Nun lag ich mit geschlossenen Augen, spürte erste Benommenheit.

Im Geist sah ich die gespenstische Szene; die schwarzen Gestalten, die hellen Fackeln, das Feuer im Pentagramm.

Leiser Singsang ertönte, dazu ein dunkler Orgelton. Fremde Klänge, sie zogen mich an. Satanische Macht durchströmte mich, nahm mich seltsam gefangen. Ich spürte die Hand des Hohepriesters, ohne sie wirklich zu fühlen. Schwarze Magie, sie wurde wirksam.

Wärme zog mir durch den Körper, trotz des eisigen Hauches der Mauern. Wärme, die zu Flammen wurde.

Und dann, ich weiß nicht, wurde mir schwer? Oder war es, daß ich entschwand, federleicht davonflog?

Noch heute weiß ich es nicht zu sagen. Schwarze magische Mächte, das war es, was ich glaubte zu spüren. Auch meinte ich, der Teufel sei nah, sein stechender Blick durchbohre mich.

Zaghaft hob ich die Lider; versuchte, etwas zu sehen. Möglich, daß ich Satan entdeckte.

Der Singsang schwoll an, durchdrang meine Sinne, wie auch die Stimme Juvetas. Er sprach den Bann des Schweigens!

Mit jedem Wort sank ich tiefer und tiefer.

Trance, auf der Suggestion gedeiht.

Verbunden mit dem Schlüsselwort.

Juveta verschloß mich mit Schweigen. Nichts, was ich wußte, durfte nach außen! Kein Wort von den Messen, den Ritualen, dem Teuflischen, das geschah.

Alles mußte verborgen bleiben. Ansonsten? Das Ende, ein qualvoller Tod! Krähen! Das war das Schlüsselwort. Jede Krähe ein Wächter Juvetas.

Tausend und mehr bedrohten mich. In jeder sah ich Gefahr. Nichts entging ihrem scharfen Auge; kein Vergehen, kein einziger Fehler. Kein verbotenes Wort!

So war ich für immer zum Schweigen verdammt. Schwarzes Gefieder bedeutete Wächter; Sterben, wenn ich unfolgsam war. Qualvoller Tod durch Juveta! – Doch ohne daß ich das Schlüsselwort kannte. Es lag wie auf tiefstem Meeresgrund, blieb mir Jahrzehnte verschlossen.

Heute, wenn ich Krähen sehe, befällt mich die gleiche Furcht wie damals. Es ist mir, als hörte ich wieder den Singsang, Juveta, der eindringlich spricht.

Ich spüre den eisigen Atem der Kirche, die Flammen des Feuers im Satansstern.

Obschon es so lange zurückliegt.

Flüchtige Bilder, wie ich sie fürchte. Auch diese gehörten dazu.

Mein Vater veränderte sich. Zwar war er nach wie vor gut zu mir; doch fehlte es an Zärtlichkeit; auch Geborgenheit fand ich keine. Statt dessen war er schweigsam, erfüllt von kaltem, dunklem Feuer. Hatte Satan ihn infiziert? Nagten teuflische Schatten an ihm? Zerfraßen sie seine Seele? Vier ganze Jahre würde es dauern, dann würde er innerlich ausgebrannt sein. Zerstört seine Seele, zerbrochen sein Leben, und er, der sich ein Ende machte.

Das einzige, was er gefunden hatte, war Frieden mit meiner Mutter. Seit beide dem teuflischen Bund angehörten, vertrugen sich meine Eltern. Satan war es, der sie verband. Auf dieser Ebene fanden sie sich. Nun wurde mein Vater akzeptiert, endlich fand er Anerkennung.

Wie stand es um meine Mutter?

Jetzt schien sie in ihrem Element; jetzt kam sie auf ihre Kosten. Die magischen Sexualrituale, in ihnen fand sie Befriedigung. Schrankenlos Perversion und Sadismus, im Satansbund gab es nichts, das es nicht gab.

So profitierte nun mein Vater davon. Keinem Spott war er ausgesetzt, keiner Verachtung durch meine Mutter. Und daß er verrohte, gefiel ihr. Er quälte kleine Tiere, riß Insekten Beinchen aus, trat alles tot, was krabbelte.

Mein Vater wurde vom Teufel gelenkt. War er sich dessen wirklich bewußt? War es das, was er wollte?

So schwamm die Zeit dahin. Ohne Licht, ohne Hoffnung. Mein schmachvolles Leben setzte sich fort. In jeder Form fand Mißbrauch statt. Hinzu kamen Messen der Satansjünger. Dort wurde ich geschult. Es galt den äußersten Grad zu erreichen; das Nichtempfinden von Schmerzen. Ein qualvoller Weg, der vor mir lag, Folter erlitt ich vielfach. Satanssex durch die Teufelsjünger, ohne daß ich entjungfert wurde. Höllischer Tunnel, den ich durchschritt. –

Doch wer im Bund meiner Eltern ahnte, daß ich dem Reich ihres Herrschers entfloh? Irgendwann, in naher Zukunft. Trotz allem, was ich wußte! Trotz der Krähen, trotz Juveta. Und nicht zu vergessen, die schlimme Strafe, die jedem drohte, der Freiheit suchte; sich lösen wollte vom Satansbund.

Ich selber wurde Zeuge davon.

Es war im Frühling, weit draußen im Moor.

Nie vergeß ich das Blau des Himmels, nicht die Weiden im Nachmittagslicht, das Schnattern brütender Entenpaare.

Und nie mein Entsetzen! Nie!

Was brachte mir die Erinnerung? Welche Bilder zeigte sie mir? Das stille Moor im Frühling. Dann ein altes Haus. Unweit eines Tümpels gelegen, stand es einsam in brauner Weite. Das Haus war eine Opferstätte! Wie sonst soll ich es nennen! Der Teufelsbund war zusammengekommen; saß am langen Tisch und beriet. Einer von ihnen hatte Schluß machen wollen, er hatte genug von Satans Macht, den teuflischen Ritualen. Endlich frei sein wollte er.

Um diesen einen ging es. Ein Ausstieg nämlich war strengstens verboten, er wurde mit grausamster Strafe geahndet. Fast immer stand der Tod am Ende.

Und ich? Wo hatte ich meinen Platz?

Ich hockte in einem hölzernen Käfig, kauerte stumm und ängstlich dabei. Die Augen entsetzt auf den Menschen gerichtet, der Stunden schon in Ketten hing. Man hatte mir keine Droge verabreicht, nichts, was mein Bewußtsein schwächte. Diesmal mußte ich Mut beweisen. An Stärke gewinnen, auch das sollte ich. Mein hölzerner Käfig hielt mich gefangen. Dem Grauen war nicht zu entkommen.

Noch heute bricht mir Angstschweiß aus. Noch immer erfaßt mich Panik und Zittern.

Es wurde lange beraten. Leise sprach man, nichts verstand ich. Nichts von dem Urteil, das man fällte, im Schein des letzten Nachmittagslichtes. Es fiel auf den Tisch, an dem man saß. Keine Kerzen, keine Fackeln, nur fünfzehn Satanisten. Fünfzehn schwarze Kapuzen, fünfzehn gestickte Totenschädel, sie zierten die Kutten der Satansanbeter.

Endlich erhob sich der Teufelsbund, gemeinsam begann man zu singen. Ein düsterer Singsang erfüllte den Raum, jeder Ton barg Gefahr. Ich ahnte, daß er Verderben brachte: dem Opfer, das in Ketten hing. Nackt war der Mann, er schien wie betäubt.

Plötzlich verstummten die Satanisten. Ruhe beherrschte den Raum, Todesstille umfing uns.

Die Satansjünger hoben den Kopf, doch nur, um sich tief zu verneigen. Ehrfurcht galt dem Hohepriester, der, in sich gekehrt, einen Namen vibrierte. Dann hob er den Stab mit der Sichel des Mondes, gab das Zeichen des Fluches, bevor auch er sich verneigte. Vor Satan, vor mir, seinem Medium.

Ich, war ich wirklich ein Medium? War ich ein Kind des Satans? Ein Mädchen war ich, nicht älter als neun. Nichts als Panik war in mir. Keine satanische Kraft, keine mächtige Macht des Jenseits.
Ein zitterndes Kind, mehr war ich nicht. Ein Medium würde ich nie. Ich war ein Kind des Lichtes. Ich war es, bin es und werde es bleiben. Trotz allem, was man mir antat!
Trotz allem, was ich mitansehen mußte.
Der Mann in den Ketten wurde getötet. Juveta durchschnitt ihm die Kehle. Derweil ertönte leises Gemurmel, Gebete zu Ehren Satans, dem Herrscher dieser Welt.
Keiner des Bundes beachtete mich. Ich, die ich starr vor Entsetzen war. Ich spürte ein Pfeifen, ein Brausen im Kopf; es war mir, als spukten Dämonen in mir. Raubten mir den Verstand. Kaum war ich fähig, den Blick abzuwenden.
Das Opfer, es wurde aufgeschlitzt. Streifen um Streifen Haut entfernt. Jetzt gab es keinen Halt mehr für mich. Ich stürzte in tiefste Finsternis, fand ein rettendes Ufer. Fernstes Schweigen war mein Ufer, im Strom meiner schwarzen Kindheit.
Später wurde ich aufgeweckt, so sah ich das Ende des grausamen Spuks. Die Leiche wurde mit Steinen beschwert, in stummer Verachtung hinausgetragen. Als Trauerzug ich, des Satans Kind, die Stille des Abends, die Weite des Moores.
Man schritt zum Tümpel, dem blanken Wasser; Spiegel des Himmels im Abendrot.
Dann schwappte das Wasser, das Bild entschwand. Statt dessen sah ich das Opfer versinken: im stillen Moor, am Ende der Welt, dort, wo niemand hinkam.

Dieses Geschehen hinterließ seine Spuren.

Zwar hatte ich das Trauma abgespalten, so daß es hinabgesunken war in die Tiefen meines Unterbewußtseins. Doch wieder quälten mich Traumfetzen.

Schweißgebadet wachte ich auf, von schweren Ängsten wie erdrückt. Nur den Sinn begriff ich nicht, die Traumfetzen sagten mir nichts.

So lag ich wach, mochte nicht schlafen. Ich hatte Furcht vor neuen Bildern, vor neuen wirren Träumen.

Mein seelischer Druck schlug sich körperlich nieder. Fieber und Bauchweh plagten mich. Doch ich schwieg. Dann aber war ich am Ende. Ich mußte ins Bett, es ging nicht mehr anders. Später kam der Arzt. Es war der Doktor, den ich nicht mochte. Strafend sah er mich an. »Böse warst du, das weiß ich.« Aus seinen Augen sprach Kälte. Wie wußte der Arzt, daß ich Böses tat? Röte schoß mir ins Gesicht, ich senkte den Kopf und schwieg.

»Nur böse Kinder bekommen Bauchweh.«

Böse Kinder! Er wußte Bescheid!

Der Doktor bat um Essigwasser.

Wie oft habe ich darunter gelitten! Wie oft bin ich damit ausgespült worden! Wie er mich damit quälte! Wie abgrundtief erniedrigte!

Und beide fanden Gefallen daran; der Doktor und meine Mutter!

Noch heute werde ich rot vor Scham, denke ich an seine seltsamen Blicke; schlimmer als die eines hungrigen Tieres.

Wie sonderbar die Menschen waren, jene, die mich umgaben. Alle waren des gleichen Schlages, sie waren fixiert auf Kinder! Waren besessen von Perversion! Nicht einer von ihnen war sauber.

Gleich und gleich gesellt sich gern; ein Sprichwort, das hier zutrifft! So war meine Furcht vor dem Arzt begründet. Was er tat, diente ihm. Doch meine Schmerzen verschlimmerte es.

Weinen unterdrückte ich. Ich wartete, bis er abließ von mir. Beschämende Qual, ich haßte sie.

Später sprach er von Bettruhe zu mir, zwei Tage, dann sei ich gesund. »Und daß du in Zukunft artig bist! Nur böse Kinder kriegen Bauchweh!« Mit diesen Worten ging er. Ich brachte nicht einen Ton heraus, sagte nicht auf Wiedersehen. Ich schloß die Augen und weinte lautlos.

Zwei Tage, dann mußte ich aufstehen. Obschon es mir nicht besser ging.

Schwindel befiel mich, ich fühlte mich matt. Heimlich begann ich Tabletten zu schlucken. Ich stahl sie von meiner Mutter. Mehr als reichlich besaß sie davon. Tropfen, Sprays, eine Vielzahl Tabletten. Nie war sie ohne Schmerzen.

Heute erstaunt mich ihr Zustand nicht. Kein Mensch strebt schadlos Böses an. Perversion und Teufelsmessen! Das mußte sich nach außen kehren! Der Körper ist Spiegel der Seele. Drückt entweder Licht oder Dunkelheit aus.

Wieso hat uns damals niemand durchschaut?

Mein Vater war krank. Meine Mutter litt, ständige Schmerzen hatte sie. Nicht anders ich und Finch. Keiner von uns war gesund! Wir waren Zeuge unseres Verfalls: kranke Seelen, ohne Leben. Nicht nur wir Kinder, auch meine Eltern. Doch niemand durchschaute das furchtbare Schauspiel! Und wenn? Wer würde darüber reden? Jeder geht seinen eigenen Weg!

Genauso war es damals bei uns. Achtbare Leute, das waren die Leiftens. So ungefähr hieß es, so sprach man. Ohne den schwarzen Strom zu sehen, den meiner schmachvollen Kindheit.

So rannen die Tage düster dahin. Ohne Lichtschein, ohne Hoffnung. Ich hörte weder die Schwalben im Ried noch das Lied meiner Amsel. Und war es der Wind, der mich flüsternd umfing? Waren es nicht Dämonen des Jenseits? Rastlose Geister im Dienste Satans? Es war der Wind, ich nahm ihn kaum wahr. Zwar saß ich versteckt im Rotdorn wie früher, auch sah ich hinauf in die Weite des Himmels. Doch ohne jedes Gefühl.

Das Lied meiner Seele war lange verklungen. Ein Kind des Satans war ich geworden, bewegte mich in Dunkelheit.

Der Pfad, den ich ging, hieß Einsamkeit.

Schweigen war meine Hütte.

Das Trauma im Moor wiederholte sich. Nur wenige Wochen waren vergangen. Noch war der Sommer nicht angebrochen, noch grünten in unserem Wäldchen die Bäume. Der Himmel war licht wie zur Frühlingszeit.

Es war an einem Nachmittag. Welcher Tag? Ich weiß es nicht mehr. Ich erinnere nur, daß ich krank war. Schwach und elend fühlte ich mich. Ich mochte nichts essen, keinen Schluck trinken. So lag ich in der Stube, wie oft, wenn mir schlecht war; dachte einsam über mein Leben nach.

Ich wünschte mir sehnlichst zu entkommen, und wenn es durch das Sterben war. Ich sehnte mir den Tod herbei, von klein auf war er mir vertraut; nicht anders als ein Freund.

Dem Tod erzählte ich stumm, was ich fühlte, wie finster und leblos es in mir war. Auch sprach ich von meiner Angst. Von meinem Gefährten, der Einsamkeit. Von all den schrecklichen Traumesfetzen. Vom Himmelbett, den fremden Körpern. – Der Tod, er war mein einziger Freund. Immer hörte er zu, was ich dachte. Oft war mir, als sei er bei mir. Doch ohne mir die Hand zu reichen. Immer wieder verneinte er. Nur andere nahm er mit sich. Sie ließ er nicht gehen. Wie den Fremden im einsamen Moor, das zweite Opfer der Satansjünger. Vor nichts und niemandem machten sie Halt. Alles, was gut war, haßten sie, alles Üble sprachen sie heilig. – So auch das Morden im Moor.

Es diente mir, dem Medium. Satanische Stärke lehrten sie mich, durch Akte schlimmster Gewalt. Leiseste Furcht ver-

achteten sie! So wurde ich also geschult. Mächtig und kraftvoll sollte ich werden, satanischer Geist war mir zugedacht. Ich, die ich schon geachtet wurde. Doch Achtung hieß nicht entkommen. Dem Tunnel, der zur Hölle führte: unvorstellbar, die Satansjünger. –
Sie wollen nicht nur Macht! Sie sind nicht nur mit Gewalt zufrieden. Beschwören das Böse nicht nur für sich! –
Das Böse soll die Welt regieren, erst dann sind sie zufrieden! –
Ich frage mich heute, wozu? Sie selbst waren böse, reichte das nicht? Ich frage mich, wie meine Mutter es schafft; in Frieden zu leben, bei dem, was sie tat. Fürchtet sie nicht den Tod? Die Stunde ihres Gewissens? Bedrückt sie nicht die Last ihrer Schuld, wenn es heißt zu sterben? Wenn ihr Abschied gekommen ist?
Im Fegefeuer müßte sie enden!
Wer richtet, wird selbst gerichtet! So schweige ich lieber, richte nicht. Obschon – dieser Tag im Moor. Er allein genügte, um meine Mutter schuldig zu sprechen, nicht zu schweigen, sondern zu richten. . .

Krank lag ich in der Stube. Meine Mutter kam, sie gab mir Tabletten; ich wußte somit, was bevorstand. Wieder eine der schwarzen Messen, diesmal schon bei Tageslicht.
Wir stiegen in unser Auto. Ich, wie gewohnt, mit verbundenen Augen. Ich sah nicht, wohin wir fuhren. Ich lauschte, obwohl ich nichts hören wollte. Ich fühlte mich krank, ich wünschte zu schlafen.
Verlorener als verloren war ich.
Der schwarze Strom meiner Kindheit. Wer nur hatte ihn mir bestimmt? Warum kannte ich nichts als Schweigen, Einsamkeit und tiefe Furcht?
Gefangenes Tier meines eigenen Lebens. Ein Leben, das nicht lebenswert war. Hätte ich damals gewußt, was folgte. . .

Wir fuhren lange, durch stille Wiesen und Weiten. Ich hörte nichts, kein einziges Auto. Dann irgendwann hielt mein Vater. Endlich kam ich ins Freie.
Ich spürte warme Frühlingssonne, lauer Wind durchstrich mein Haar. Dann war der Hauch des Frühlings beendet.
Die Teufelsbrüder holten mich.
Sie führten mich in ein einsames Haus. Einer von ihnen hielt mich fest, der nächste nahm mir das Tuch von den Augen, der dritte schließlich schloß mich an Ketten.
Jetzt glich ich einem Sklaven. Ich hing in Ketten, war gefangen, damit ich dem teuflischen Akt nicht entkam.
Wieder sah ich den langen Tisch, doch keine Kerze, keine Fackel . . .
Heute wurde nicht gehuldigt; man hatte schlimmste Dinge vor. Wieder sollte ich lernen; sollte stärker und mächtiger werden.
Erste Pflicht eines Mediums.
Juveta erschien mit dunkler Kapuze, ihm folgte eine krumme Gestalt. Gebeugt ging sie, mit schlurfendem Gang.
Es war ein Mann in ärmlicher Kleidung, ohne Maske, ohne Kapuze.
So zählte er nicht zu den Teufelsanbetern.
Fremd war er hier, er besaß kein Zuhause. Niemanden gab es, zu dem er gehörte. – Woher er kam, wohin er wollte? – Auch darauf fand sich keine Antwort. Juveta fragte den Fremden aus! Alles mußte und wollte er wissen; er scheute jedes Risiko, jede leise Gefahr.
Alles war genau bedacht.
Ich, ihr erwähltes Medium, sollte Schlimmstes vom Schlimmen ertragen, ohne daran zu zerbrechen!
Habe ich deshalb überlebt? Möglich, daß mich das Grauen stärkte. Trotz der panischen Angst, die ich hatte.
So lag ich in Ketten, im einsamen Haus. Stierte auf das, was vor mir geschah.

Man zog dem Mann die Kleidung aus, hob ihn auf den Tisch.
Träge schien er, willenlos. –
Weiß ich, ob er bei Sinnen war? Ob er spürte, was passierte?
Keinen Laut gab er von sich. Dennoch war er am Leben.
Hatte man ihn betäubt? Damit er sein schreckliches Ende
nicht merkte? Nicht wahrnahm, daß man ihn aufschnitt?
Erbärmlicher starb er als jedes Tier!
Schließlich setzte Vibrieren ein. Begannen die Satansbrüder
zu beten? Verherrlichten sie ihr Opfer?
Keine Spur, sie verachteten es! Ein alter, verbrauchter
Mensch war nichts wert; nicht einmal sein Blut! Unrein war
es und schmutzig! Trotz des Grauens blieb ich wachsam,
blieb bei vollem Bewußtsein. Nur übel war mir; so schloß
ich die Augen. Suchte im Geist meine Eltern zu sehen. Auch
sie standen hier, wurden Zeuge! Sie mußten doch wissen,
wie sehr ich litt!
Welch ein Wahnsinnsteufel ritt sie, daß sie sich dem Bund
verschrieben. Oft, so oft geht mir das durch den Kopf.
Genügte es nicht, daß sie Kinder mißbrauchten; mein Leben
zerstörten wie das meines Bruders? Entstammten sie etwa
der Finsternis?
Viele Pfade führen durchs Leben. Doch der, den meine Eltern
beschritten, das war kein Pfad. Den Weg zur Hölle schlugen
sie ein. Die Hölle war ihre eigene Entscheidung, sie gingen
den Weg mit den Satansbrüdern; nicht sichtbar begleitet von
dunklen Mächten.
Verdient so ein Mensch den Duft des Frühlings? Das
Leuchten einer Sternennacht? Erde und blühenden Sommer? Meine Eltern hatten kein Auge dafür, sie schienen
blind und taub. Nahmen die Welt, wie sie ist, nicht wahr.
Sie hatten nur Sinn für die Dunkelheit; für das Böse, das sie
unentwegt taten.
Dunkler als dunkel war ihr Vergehen! Hier draußen im stillen Moor.

Ich öffnete furchtsam die Augen. Der Leichnam war längst ausgeblutet. Wie letztesmal wurden Steine gebracht, dem Opfer an Hände und Füße gebunden. Auf einer Bahre trug man ihn fort; hinaus ins Freie zum Tümpel.

Im Wasser strahlte das Licht des Abends.

Stumm stand ich da und sah zu. Ich sah den Himmel im Tümpel vergehen; verdrängt vom Toten, den man versenkte. Der braune Morast verschluckte ihn.

Wieder ein Leben ausgelöscht; weit draußen am Ende der Welt.

Der Tümpel verfolgte mich. Jede Nacht träumte ich von ihm. Und immer war es der gleiche Traum.

Ich sah den Tümpel im Frühlingsblau, an seinem Ufer mich. Ich pflanzte Birken, setzte Weiden, dazwischen die hohen Stämme der Kiefern.

Ein Meer von Blumen säte ich; säumte Wege mit Kieselsteinen. Tore umrankten Rosen. Ich wollte den kleinen Tümpel erheben; bestimmte ihn zum Ausflugsziel. So war er geschützt vor weiteren Toten, den Opfern der Satanisten.

Den Sinn des Traumes erkannte ich nicht. Das Trauma hatte ich abgespalten; es ruhte tief unten in meinem Brunnen, der alles verschwieg, nichts mehr preisgab. Ein Meister der Verdrängung war ich. Zurück blieb einzig die Angst. Oft quälten mich dunkle Gefühle, auch jagten mich seltsamste Bilder. Ein leiser Hauch von düsteren Schatten hing an jedem Schritt, den ich tat.

So trieb ich im schwarzen Strom meiner Kindheit, ohne daß etwas nach außen drang.

Ich ging zur Schule, obschon sie mir Last war; ich schämte mich meiner Schlechtigkeit. So blieb ich still und im Hintergrund, mied den Kontakt mit Kindern. Niemand erforschte den Grund meines Schweigens. Wer ahnte, wie es aussah in mir? – Wer wußte von meinem Brunnen, in dem ein Teil meines Lebens ruhte, auf immer und ewig verschüttet? Bis ich mich schließlich erinnerte. An das, was ich damals böse nannte.

So hatte ich nichts als die Last meines Lebens.

Ich, die ich Schlimmstes vom Schlimmen kannte. Schmutzig war ich und schlecht! Böse wie kein anderes Kind.

Einsam war ich, allein in der Schule, verhielt mich still und ruhig. Mittags ging ich nur zögernd nach Haus, umspült vom Strom meiner düsteren Kindheit.

Ich nahm das Schwatzen der Schwalben nicht wahr, nicht meine Amsel, die Blätter des Wäldchens.

Taub war ich wie die Satansbrüder, erblindet für das Schöne der Welt. Ich lebte, obwohl ich nicht leben wollte; Juveta hielt mich gefangen.

Zäh rann die Zeit meiner Kindheit dahin. Der Frühling schwand, der Mai erstrahlte; am Himmel, auf Feldern, auf blühenden Wiesen. Manchmal ging ich die Geleise entlang, erhoffte ein wenig Licht. Doch schon griff neues Dunkel nach mir, riß mich in neue Tiefen. So war es auch zum Pfingstfest, an das ich nur mit Schauer denke.

Pfingsten, das Fest des Heiligen Geistes? Sicher nicht für meine Mutter, sie war eine Frau des Satans.

Es war ein Tag voller Sonnenschein. Ich saß am Fenster meiner Kammer, sah hinunter zu Finch. Mein kleiner Bruder hockte im Garten, im wilden hohen Gras. Er spielte mit meiner Babypuppe, schlug sie, leckte sie, spreizte die Beinchen. Fluch meiner Mutter, die ihn das lehrte.

Mein kleiner Bruder tat mir leid. Das bißchen, das noch lebte in mir, hatte ihn plötzlich gern. Finch war noch immer bleich und mager; doch war er ein hübscher Junge, mit hellen Augen und Blondhaar.

Der Sommer. Er war keine Zeit für uns. Verhangen blieb uns der hellste Himmel, Spiel und Freude kannten wir nicht. Ein dunkler Vorhang verhüllte alles, alles, was Leben lebenswert macht, für Kinder wie Finch und mich.

Ich sah, wie Finch mit der Puppe spielte, sie leckte, sie schlug, ihr die Beinchen spreizte. Finch, mein kleiner Bruder. –

Da hörte ich meine Mutter rufen. Sie rief mich von der Küche her. Ich solle ihr helfen, brüllte sie, ich sei schon alt genug. Ein halbes Jahr, dann würde ich elf. Oft bemerkte mein Vater das. Doch häufiger noch meine Mutter. Mein Vater sprach mir nachts davon, wenn er in meine Kammer kam, mich weckte, um seinen Trieb zu stillen. Meine Mutter hielt mir mein Alter vor, wenn sie mich zum Helfen brauchte. Also folgte ich ihrem Rufen. Eilig lief ich die Treppe hinunter, den Zorn meiner Mutter wollte ich nicht.

Von weitem schon roch ich Sauerkraut, dazu gepökeltes Fleisch. –

Es war gepökeltes Menschenfleisch!

Alles, was der Finsternis diente, zog meine Mutter an. Sie wurde nicht nur vom Teufel geritten, Satan beherrschte sie voll und ganz.

Verlorene Seele, die sie war, verbrannt vom Feuer des Teufels. Wahrlich, ein rechtes Opfer war sie, jetzt scheute sie nicht einmal das!

Damals war ich starr vor Entsetzen. Ich wußte nichts von satanischen Bräuchen; noch war ich nicht eingeweiht. Nur wenige Riten kannte ich. Andere Bräuche waren mir fremd. Was schon wußte ich damals vom Satan? Nicht viel! Und fast alles verdrängte ich.

Heute weiß ich um so mehr.

Ich weiß, daß Babys geopfert werden. Ich selber wurde gezwungen dazu! Später, an einem der Teufelsfeste. Am Ende wurden die Leichen verzehrt. So war es im Bund meiner Eltern die Regel; so grausam es auch klingen mag.

Teuflische Riten; niemand ahnt sie. Niemand weiß um die Finsternis. Es sei denn, man stürzt wie ich in die Tiefe.
Ich meine, schlimmer als Satan sind wir.
War Satan nicht einstmals Engel? Ist er nicht der gefallene Engel? Wie auch immer, ich weiß es nicht. –
Ich fürchte den Teufel, ich mag ihn nicht. In seinem Namen geschieht das Böse, das Dunkle, das dunkler als dunkel ist.
Ich wüßte gern, wo mein Vater ist. Was wurde aus ihm, was geschah, nachdem er sich das Leben nahm? Lebt er im Reiche Satans?
Irgendwann, in ferner Zukunft, wird man mir die Antwort geben.
Wenn meine Stunde des Sterbens ist, der Tod mir nicht mehr ausweicht. Auf diese Stunde setze ich, sie ist der Schlüssel zu all meinen Fragen. Wo sind jene, die das taten? Das, was mir als Kind geschah? All die Qualen, die ich litt, die Folter, die mein Leben zerstörte...
Ich fürchte die Stunde des Todes nicht, sie ist mir Schlüssel zu all meinen Fragen...

Der Frühling verblaßte, der Sommer begann. Durchwirkt war er von dunkelsten Schatten. Obwohl die Tage strahlten. Ein Leuchten, daß mir verschlossen blieb. In unserem Haus war das Dunkel daheim.
Jeder Winkel sprach davon; düsteres Schweigen, das alles verriet. Finch ging es schlecht, ich kränkelte. Wieder plagte mich Bauchweh. Die Schmerzen waren unerträglich. Doch wieder verschwieg ich mein Unwohlsein. Ich haßte den Arzt, ich wollte ihn nicht. Lieber schon die Schmerzen ertragen. Doch wie? Ich mußte mich üben darin. Es gab keine andere Lösung.
So streifte ich durch das Wäldchen. Entsann mich flüchtig der stillen Stunden, da ich einst im Rotdorn hockte, träu-

mend in den Himmel schaute. Vorbei diese Zeit, verloren. Jene Stunden gab es nicht mehr.

Das dichte Grün der Tannen, war es nicht mein Versteck gewesen? Wie lange war das her? Jetzt gab es kein Verbergen; Juvetas Augen folgten mir, und wenn nicht sie, dann die seiner Wächter.

Sicher war ich auch jetzt nicht allein. Obwohl sich keine der Krähen zeigte, während ich grübelnd zum Bahndamm lief.

Metallene Geleise, spitze Steine. Seit Stunden prallte die Sonne darauf. Heiß wie Kohle waren die Steine, glühendes Eisen der Schienenstrang.

Barfuß begann ich zu balancieren. Setzte Fuß um Fuß auf das Eisen, später auf das heiße Gestein. So übte ich Stunde um Stunde.

Der Schmerz meiner Füße war stärker als Bauchweh, er quälte mich bis aufs äußerste. Dennoch, ich fühlte mich froh. Ich war es, die sich Schmerzen zufügte. Ich nahm Besitz von mir selbst. Ich bestimmte für mich, was ich wollte. Mein Üben hatte Stärke als Ziel. Keine Hürde durfte ich scheuen, allem mutig entgegentreten, bezwingen mußte ich jegliche Schwäche. So dachte ich damals als Kind.

Unbewußt setzte ich Stein auf Stein, baute am Überleben. Doch ohne davon zu wissen.

Manchmal trieb es mich hin zur Hütte, im Feuer des lodernden Abendrot. Ich sehnte mich nach Frieden; nach meiner Zuflucht von einst, dem kleinen sprudelnden Bach. In jenen Momenten war ich sicher, zaghaft kam ich hervorgekrochen, das, was geblieben war von mir. Versteckt im fernsten Winkel von mir.

Sinnend saß ich am Ufer des Bächleins, hielt die Füße ins Wasser getaucht, blickte ins Klar des Wassers.

Wäre der Strom meiner Kindheit so klar – das glücklichste Kind der Welt wäre ich. Stimmte ins Lied der Grillen mit ein,

sänge wie sie bis spät in die Nacht; vom Leuchten der Sterne
begleitet.
Doch schwärzer als schwarz war der Strom meiner Kindheit.
Ohne Licht, ohne rettendes Ufer.
Ein winziges Licht waren Stunden wie jene, an denen ich
sinnend am Bach saß, die kurze Zeit meiner Freiheit genoß.
Bis ich mich wieder verbergen mußte. In mir, in Winkeln, die
ich nicht kannte; die allen ein Geheimnis waren, den Schwestern, die mich bewohnten.

Das fremde Kind – ein weiteres Opfer.
Die schlimmste meiner Erinnerungen. Fast wäre ich gestorben dabei. –
Tage vorher war ich krank. Keine Ruhe, Angst bis zur Panik;
an Schlaf war nicht zu denken. Statt dessen schwerste Übelkeit, Erbrechen, kalter Schweiß. Am Tag war ich wie zerschlagen, war nicht fähig aufzustehen. Bild um Bild stieg in
mir hoch, Stunde um Stunde, egal, wo ich war. Bis die
Geschichte zum Durchbruch kam, der düstere Film vor mir
ablief.
Laue, stille Sommernacht. Noch höre ich die Grillen zirpen,
irgendwo schrie das Käuzchen im Baum; ein leiser, doch so
klagender Ruf.
Ich lag im Bett und wachte. Wie häufig fand ich keinen
Schlaf. Plötzlich schrak ich auf. Unvermutet knarrte die
Stiege. Hörte ich nicht auch Schritte? Es war meine Mutter,
die zu mir kam.
Sie machte Licht, trat schweigend ins Zimmer, stellte
schweigend Tee auf den Nachttisch. Sie gab ein paar weiße
Körner hinzu.
»Trink!« befahl sie leise. Ich leerte das Glas in einem Zug.
Kaum, daß ich wagte aufzusehen. Düstere Ahnung, die ich
empfand. Meine Mutter nahm das Glas und ging; bald schon
kehrte sie wieder zurück. Noch heute sehe ich ihre Augen,

das Flackern, das Besessenheit hieß. Wieder lenkte Satan sie, teuflische Macht, der sie folgte.

Sie hielt mir einen Sack entgegen, er roch nach alten, faulen Kartoffeln.

Ich – ich sollte in diesen Sack?

Ich lag schon in Ketten, gleich einem Sklaven.

Hing mehrfach schon am Christuskreuz.

Und jetzt? Was tat man jetzt mit mir!

Es gab keine Flucht, ich steckte im Sack; wurde über den Boden gezogen. Schwere Dumpfheit stieg in mir hoch; langsam entglitt ich der Wirklichkeit. War es der Tee, der Wirkung zeigte?

Ich wurde die Treppe hinuntergetragen, hinaus in den Garten, zum Käuzchen, das floh.

Laue, stille Sommernacht. Ich roch nur faule Kartoffeln.

Mein Vater war zu hören. Mit verhaltener Stimme redete er. Er sprach mit einem Fremden.

Minuten später verlud man mich, schob mich wie Stückgut auf einen Laster.

Mit schnarrendem Motor fuhren wir los.

Wohin? Wie sollte ich das erkennen? Irgendwann aber hielten wir. Irgendwo draußen am Ende der Welt. Dort, wo Satan unentdeckt blieb.

Verschwommen hörte ich Stimmen. Ein Mann erteilte Befehle. Auch hastige Schritte entgingen mir nicht.

Dennoch war mir, als träumte ich. Obwohl ich so nah am Geschehen war. Noch steckte ich in dem Kartoffelsack, vom faulen Geruch war mir übel, auch war ich halb betäubt von dem Tee.

Betäubt jedoch war nicht meine Angst, unerträglich wurde sie mir. Schließlich packte mich eine Hand. Man warf mich über die Schulter, trug mich hin zur alten Scheune. Ich hoffte, mein schrecklicher Traum sei zu Ende...

Bitterer Irrtum, den ich hegte.

Wieder wurde ich eingesperrt. In jenen Käfig, den ich schon kannte.

Dann wurde ich allein gelassen. Ich spähte ängstlich durch das Gitter, sah hinauf zum fahlen Licht, bevor ich mich an das Dämmer gewöhnte. Im matten Schein der Deckenbeleuchtung erkannte ich ein Kind. Ein Mädchen war es, man hielt es gefangen. Es hockte in einem Käfig wie ich. Schlief es, war es wach? Ich meinte, es hielt die Augen geschlossen. Das Mädchen war kaum älter als ich; es kauerte klein und reglos im Käfig. Dünn war es, mit geflochtenem Zopf. Die Brille war auf die Nase gerutscht.

Beklommen sah ich das Mädchen an. War es wie ich ein Kind des Satans? War es Mittler satanischer Macht, ein Medium wie ich?

Trotz meiner Dumpfheit zitterte ich, ich ahnte, daß Schlimmes geschehen würde. Den kleinen Raum durchströmte Gefahr.

Gedenke ich heute der finsteren Stunde, befällt mich wieder die gleiche Dumpfheit, das gleiche Zittern wie damals.

Ich fühle mich wieder eingesperrt, sehe das schlafende Mädchen im Käfig.

Noch lebhaft sind mir die Männer vor Augen, Kapuzengestalten, sie holten uns. Sie schleppten uns in den Opfersaal, brachten uns vor Juveta.

Das Folgende läßt mich noch heute erstarren.

So mag ich nur eine Skizze geben, ein flüchtiges Bild von dem, was passierte. Und alles im Beisein meiner Eltern! Wieder trugen sie schwarze Kutten, Kapuzen und dunkle Augenmasken.

Sie stehen im Kreis der Satansjünger, im Schein von flakkernden Fackeln. Ihr Licht flammt auf dem schwarzen Altar, der Opfertisch, der Opferstein, die goldene Schale für Blut. Im Stern des Satans lodert ein Feuer. Im Schein des Feuers Juvetas Urin, zum Segen des Rituals. Die Teufelsbrüder verneigen sich, stimmen leisen Singsang an. Derweil man mich aus dem Käfig befreit.

Ich wurde auf den Altar gebunden, von Juveta geweiht und gezeichnet.

Mein Blick glitt furchtsam hinüber zum Mädchen. Noch immer schien es im Käfig zu schlafen. Nein – es war wach, es regte sich. Fuhr auf und sackte erneut zusammen. Setzte es seinen Dämmerschlaf fort?

Ich sah, wie das Mädchen gegriffen wurde, entkleidet und in Ketten gehängt. Im Schein der Fackeln der kleine Körper, die Brille, die am Boden lag. Und dann der baumelnde Zopf. Fast bis zur Erde reichte er. –

Dem Mädchen wurde die Kehle durchtrennt. Wie einem Tier, einer Katze! Es blutete aus in die Opferschale.

Schließlich wurde der Leichnam gehäutet.

Teuflisches Tun, dessen Zeuge ich wurde.

Im flackernden Licht erscheint eine Frau. Kein Tuch, kein Schmuck bedeckt ihren Leib. Nur langes schwarzes Haar. Sie wiegt sich, beginnt zu tanzen. Schlängelt sich um das lodernde Feuer, das Pentagramm, des Satans Symbol. Beschwörungstanz; beschwört sie mich?

Durchdringt mich satanische Macht? Rhythmisches Trommeln führt zur Ekstase.

Jetzt tanzen alle, nicht nur sie. Nur ich liege starr, wie gelähmt vor Angst.

Der Tanz ist zu Ende, doch nicht das Fest. Die Zeit ist an mir, dem Medium. Die Stunde der Macht aus dem Jenseits ist da. Man steckt mir die Haut des Mädchens auf. Mit Nadeln wird sie angeheftet. So wird mir neues Leben geschenkt; die Seele des Mädchens soll auferstehen, durch mich, des Satans Medium.

Eines der höchsten Rituale?

Ganz sicher im teuflischen Bund meiner Eltern. Satanischer Kult zu Ehren des Herrschers?

Heute weiß ich, das war es nicht. Das einzige Ziel war »alles«. Sadismus wurde ausgelebt, Perversion ohne Ende.
Der Bund meiner Eltern tat schlimmste Dinge. Er lebte den Hang zum Verbrechen aus.
Jeder der Brüder krankte daran. Andere Kulte gab es, mit echtem Wissen.
Geheime Kräfte wurden erlernt, schwarze Magie wurde lange studiert.
Doch dieses Tun? Kein Weg des Satans! Eigene Bosheit lenkte sie. Der eigene Zwang zur Grausamkeit. Hinzu kam die Besessenheit, die Lust auf satanischen Sex. In unbegrenztem Maße.
Tu, was du willst! So ist das Gesetz.
Der Bund meiner Eltern lebte danach.
Wie diese Nacht ein Ende fand?
Ich weiß es nicht, ich war nicht bei Sinnen. Versunken trieb ich im Strom meiner Kindheit; dunkelstes Schwarz umfing mich.

Tage vergingen, Wochen. Ich hatte die furchtbare Nacht verdrängt, doch unbewußt verfolgte sie mich; lebte irgendwie fort in mir.
Grausame Bilder flammten auf. Im Schlaf, im Wachsein, überall. Wie Blitze, die mich erschrocken machen, bevor sie wieder verglühen.
Begleitend fand sich fremdes Empfinden, es war der Zwang des Zerstörens. Mich selbst mußte ich zerstören.
War auch ich jetzt vom Satan besessen? Wer sonst zwang mich, dergleichen zu tun? Es war ein fremdes Wesen in mir. Unvermutet bedrängte es mich.
Es kam, als ich allein war.
Seit Stunden verbrachte ich Zeit mit Nichtstun. Mit nichts in der Hand saß ich reglos am Fenster, starrte hinaus, auch wenn ich nichts sah.

160

Ich hörte nicht den Sturm vor dem Fenster, sah nicht den peitschenden Regen. Auch sah ich nicht die Bäume des Wäldchens, wie sie sich heftig bogen.

Hoch oben im Sturm jagten Krähen. Sie sah ich, sie flößten mir Furcht ein! Juvetas Wächter bewachten mich.

So saß ich und stierte gebannt ins Nichts. Was wäre, wenn Juveta jetzt käme? Mein Vater war fort, er tat seinen Dienst. Auch meine Mutter war nicht im Haus. Plötzlich erfüllten mich Zweifel.

War ich es, die am Fenster saß? Mit starrem Blick an Juveta dachte? Wer war es, der mich rief? Hinunter in den Handwerksraum. Und wer zwang mich, den Hammer zu greifen, bis zur Zerstörung zuzuschlagen?

Zerschmettert war mein Fingergelenk.

Jetzt erst kam ich wieder zu mir. Wie nur war ich hierhergekommen? Wie hatte ich mich so verletzt?

Wieder hegte ich Zweifel an mir. Wie soll ich es gewesen sein? Wie! Ich wußte nichts davon!

Später kam meine Mutter. Sie sah mit Mißtrauen, daß ich verletzt war. Fragte, wie das geschehen konnte.

Ich schwieg, ich meinte die Krähen zu hören. Juvetas Wächter hoch über mir. Sie sahen mich das Haus verlassen, zusammen mit meiner Mutter. Wir fuhren zum Doktor, den ich nicht mochte.

Er stellte mir keine Fragen. Auch zeigte er keine Spur von Bedauern. Er schiente mir stumm den Finger, legte ohne ein Wort den Verband an.

Dann bin ich entlassen; ohne ein Lächeln, kaum ein rechtes auf Wiedersehen.

Nur, daß ich böse sei, sagt er wieder. Er schaut dabei meine Mutter an, sie tauschen seltsame Blicke.

Zu Hause suche ich meinen Vater. Von tiefer Verlorenheit niedergedrückt, bin ich einsam und unruhig. Geborgenheit brauche ich und Trost. So sitze ich still in meiner Kammer, erwarte sehnlichst meinen Vater. Alles will ich tun für ihn; will ihm jeden Wunsch erfüllen. Wenn er mich nur streichelt, nur ein bißchen zärtlich ist.

Herbstlicher Sturm, wie hohl du singst; wie klagend tönt deine drängende Stimme. Einstmals warst du mir zugetan. Du schaukeltest mich in den Zweigen des Rotdorns, zerzaustest mir spielend mein Haar.

Mir? War ich es? Irre ich nicht?

Bin ich nicht schon längst gestorben? Liege ich nicht auf dem Grund meines Stromes, begraben unter Einsamkeit? Umspült mich nicht meine Trauer? Die Strudel tiefster Verlorenheit?

Mein Vater kommt, ich bin nicht gestorben. Er setzt sich zu mir, beginnt mich zu streicheln. Schließlich wünscht er sich Häschenspiel. Stunden später den Ameisenbären, bevor er mich schweigend verläßt. Zurück bleibe ich, noch immer einsam. Mein Vater brachte mir wenig Trost. Ich lausche ins Dunkel meiner Kammer...

Nächtlicher Sturm, wie hohl du singst. Einstmals warst du mir zugetan. Nicht anders als mein Vater.

Mein Vater, der mir alles war, wie hat er mich verraten!

Diesem Sturm folgten viele Stürme. Sie waren durchsetzt von schwerem Regen, später wurde Schnee daraus.

Wieder hatten wir Winter. Weiße schweigende Stille. Sie schien mir fast ohne Leben zu sein. Wie ich, die ich dem Winter glich.

Nie kamen fremde Kinder zu uns; nicht ein einziger Junge zu Finch. Nie sprachen Spuren im Schnee davon, daß uns jemand besuchte. Wer auch sollte uns besuchen?

Wieder quälte mich mein Leben. Ich wurde ernstlich krank. Hohes Fieber machte mich frieren, hinzu kam ein stechender Schmerz im Bauch. Der Doktor wurde gerufen. Ich mußte

sogleich ins Krankenhaus; es hieß, ich hätte Blinddarment-
zündung.

Es war meine erste Operation. Viele sollten noch folgen.

Die erste aber vergesse ich nicht. Sie war mir wie ein Him-
melsgeschenk. Endlich fand ich Frieden. Sie schützte mich
vor jeder Gefahr.

Keinen Mißbrauch erlitt ich. Nicht den Satan, nicht das
Himmelbett. Fern war unser düsteres Haus, fern der rei-
ßende Strom meiner Kindheit.

So lag ich nun im Krankenhaus, war meinem Trauma ent-
ronnen. Für eine Weile hatte ich Ruhe. Ich sehe noch heute
das Zimmer. Alles war weiß, wie draußen der Winter. Jetzt
hörte ich sein Schweigen, jetzt nahm ich wieder die Stille
wahr.

Ein Hauch von Glück durchwehte mich, ich fühlte mich
geborgen.

Wer mich besuchte, war mein Vater. Häufig kam er nach
dem Dienst. Lange blieb er nie, auch reden tat er kaum. Ihm
fiel nichts ein, was erzählenswert war. So sah er mich nur an,
streichelte meine Hand. Ein Viertelstündchen, dann ging er
wieder. Und ich fand Zeit, um weiter zu träumen. Schmerzen
hatte ich nicht die geringsten. Ich hatte mich selbst geübt
darin; wie oft war ich am Bahndamm gewesen, barfuß auf
heißen Steinen. Einsam in brütender Mittagshitze, hatte ich
unentwegt geübt, Herr über meine Schmerzen zu werden;
vielleicht war das der Erfolg? Die Ärzte und Schwestern
lobten mich, sie hielten mich für ein tapferes Kind. Keiner
wußte um mein Geheimnis.

Ein wenig begann ich zu leben. Ich kam aus mir heraus-
gekrochen. Elf Jahre war ich jetzt, zum ersten Mal war ich
ohne Gefahr; keine Angst belauerte mich. Jeder Tag war licht
und still. Ich träumte mich in die Zukunft. Frei wie ein Vogel
sah ich mich hoch oben durch die Lüfte gleiten, fern der
schrecklichen Qualen. Einmal würde ich frei sein! Einmal

würde auch ich erwachsen! Mit fünfzehn würde mein Leben beginnen, ich würde fliehen, egal wohin.

Nur frei sein! Endlich frei!

So lag ich im Weiß meines Zimmers und träumte. Dann aber nahte das Ende. Nach sieben Tagen entließ man mich. Ängstlich kehrte ich heim. Ich schlich zurück in unser Haus, dem heimlichen Tor zur Hölle auf Erden. Vor meinem Fenster war immer noch Winter. Hier, wußte ich, trog das schweigende Weiß. Dämonen drangen zum Fenster herein, in jeder Ecke kauerten sie; hatten von allem Besitz genommen.

Kein Raum, in dem sie nicht Einzug hielten: Dämonen, gefährliche Geister des Jenseits, Verkörperung der Finsternis, auch mich umschwirrten sie lautlos. Und nichts besaß ich, das sie vertrieb. Kein Licht, keinen einzigen Stern.

So herrschte statt Licht die Finsternis, im düsteren Haus meiner Eltern.

Seit einer Woche war ich zu Hause, doch heilen wollte die Wunde nicht. Sie näßte und eiterte ununterbrochen, Schmerzen aber hatte ich keine. Ich sprach zu meiner Mutter davon, sagte, daß die Wunde nicht heile, daß ich jedoch keine Schmerzen verspüre.

Das wurde mir zum Verhängnis!

Meine Mutter entflammte in Eifersucht! Ich litt keine Schmerzen? Sie, die nie ohne Schmerzen war, immer plagte sie irgendein Leiden. Wie häufig griff sie zu Medikamten, zu schwersten Tabletten und Tropfen. Und ich, ihr Kind, war immun gegen Schmerzen!

Besessen von Rachsucht war meine Mutter. Ihr Denken war finster und ruhelos. Wie war sie nur vom Bösen besetzt! Sie irrte umher, auf der Suche nach Dingen, die böser als das Böse waren.

Nun hatte sie etwas gefunden.

Sie sprach mit unserem Arzt. Bestimmte mir, ich müsse zu ihm; eine Wunde, die nicht heilen wollte, das sei ihr zu gefährlich.

Schreckliche Stunde, die mir drohte.

Der Doktor bat mich, mich auszukleiden. Den Rock, den Pulli, den Schlüpfer. Am Ende lag ich bloß auf der Liege. Schwarz war sie, die Farbe beklomm mich, rief dunkelste Bilder in mir hervor. Furcht bekam ich, mein Herz schlug heftig.

Ich schloß die Augen, ich haßte den Doktor. Ich hörte ihn leise reden. Dann ging er zum Instrumentenschrank. Was er dort machte, wußte ich nicht; noch immer hielt ich die Augen geschlossen. Ich spürte nur plötzlich Hände. Meine Mutter, sie spreizt mir schamlos die Beine. Der Doktor führt mir Nadeln ein, qualvollste Schmerzen muß ich ertragen, Erniedrigung bis zum Äußersten.

Ich höre noch seine Entschuldigung: »Es geht nicht anders, es muß leider sein.«

Dann reißt mich mein Strom in die Tiefe. Ich treibe in schwärzester Finsternis, dennoch überlebe ich.

Der Tod verwehrt mir seine Hand; trotz der qualvollen Schmerzen.

Und wer nun trug den Sieg davon?

Nicht meine Mutter, trotz ihrer Rache. Ich war es, die siegte! Ich hatte erneut an Stärke gewonnen, an innerer Kraft, die mir eigen war. Sie sollte mich später tragen.

Damals war mir mein Sieg nicht bewußt. Schwer erniedrigt fühlte ich mich. Meine schlimme Schmach verschwieg ich. Ich sagte nichts meinem Vater. Ändern konnte er ohnehin nichts. Im übrigen gab ich mir die Schuld. In allem, was ich erleiden mußte.

Wie oft war ich gedemütigt worden, erniedrigt, schamlos ausgenutzt. Schon lange war ich wertlos und schmutzig, verdiente, nicht geachtet zu werden.

Andere Kinder beneidete ich. Sie waren sauber, ich nicht! Tiefe Trauer hüllte mich ein, verschwieg mir jeden Atem des Lebens. Verstrickt war ich in Finsternis, vernetzt im teuflischen Bund meiner Eltern.

So trieb ich im schwarzen Strom meiner Kindheit.

Schweigen hieß der Pfad, den ich ging; Einsamkeit war meine Hütte.

Das Weiß des Winters war vergangen. Von überall her sang der Frühling. Es war ein heller Tag. Erstes Blühen im Schein der Sonne. In jedem Zweig tönte Vogelgezwitscher; unter dem Dach unseres Hauses der Wind; er schlief, nur manchmal raunte er.

Doch all das blieb mir verborgen. Grau in grau erschien mir der Tag. Grau das junge Gras unseres Gartens, das Grün des eben erwachten Wäldchens. Selbst der Himmel schien grau in grau, ohne das Licht der Sonne. Obgleich ihre Strahlen mich trafen. Wärme jedoch empfand ich keine.

Versteckt in mir, so lebte ich. Das, was geblieben war von mir. War ich allein, so trank ich heimlich, schenkte mir innere Wärme, ein bißchen falschen Sonnenschein. Dunkel blieb es trotzdem in mir; kalt und still wie zur Winterszeit.

Glichen Kinder mit elf nicht dem Frühling? Voll Sonne, voller leuchtender Farben?

Doch ich, ich war ein Kind des Satans. Ich war erwählt zum Medium.

Mein Leben war nicht licht. Es drängte ins dunkelste Schwarz des Jenseits. Satanische Mächte bannten mich, würde ich je wieder frei sein? Diesem, meinem Schicksal entkommen? Dem teuflischen Sog meiner Eltern?

Wie oft hielt man mich gefangen; draußen im Moor, am Ende der Welt. Benommen von Medikamenten, mißbrauchte man mich nach satanischer Art.

Müde war ich, trostlos wie nie; das, was von mir übrig war.
Noch aber fand mein Schicksal kein Ende.

Ich weiß nicht, wie ich beginnen soll. Lieber würde ich
schweigen. Es war, wie ich anfangs sagte. An einem der
grauen Frühlingstage. Meine Eltern und Finch waren fort. So
war ich wie oft allein zu Haus. Ich streifte durch unser
Wäldchen, trabte den Schienenstrang entlang. Immer weiter
und weiter. Bis hin zum verwilderten Grundstück.
Wie lange war ich nicht hier gewesen. Die Hütte hatte man
abgerissen, das Bächlein aber gab es noch. Lange saß ich am
Ufer; schaute grübelnd ins Wasser. Wie klar und leicht es
dahinfloß. Anders als der Strom meines Lebens. Vom Himmel trafen mich Sonnenstrahlen. Wärme, die ich nicht
spürte. Ich fror, so ging ich nach Haus.
Ungesehen schlich ich nach oben, verkroch mich in meiner
Kammer. Ich lehnte müde die Stirn an das Fenster. Vom
Fenster ging ich zum Bett. Einsam und lustlos warf ich mich
hin. Was nur tun? Ich wußte es nicht.
Da hörte ich, wie ich gerufen wurde. Es war meine Mutter,
sie rief aus der Küche. Sie schrie, sie hätte Tee für mich.
Zu dieser Stunde Tee? So wartete Juveta auf mich.
Ich lief hinunter. Der Tee stand bereit. Ich trank ihn, ohne
abzusetzen, ich wollte keinen klaren Kopf. Ich zog es vor,
benommen zu sein. Mein Vater kam in die Küche. Er wies
mit dem Daumen nach draußen.
»Draußen wartet ein Mädchen auf dich. Geh, zieh deine
Jacke an!«
Noch heute weiß ich den seltsamen Blick, das Lächeln, das
meine Mutter ihm zuwarf. Auch spüre ich wieder das Mißtrauen in mir. Ein Mädchen, das auf mich wartete?
Es stimmte, es war, wie mein Vater sagte. Doch anders als
vermutet. Ein Mädchen war tatsächlich da, doch warten tat
es nicht. Es hockte gefangen in einer Kiste, für

Tiertransporte war sie gedacht. Kaum, daß ich sie gefunden hatte, sperrte mein Vater mich gleichfalls ein.

Mein Vater, welch ein Verrat!

Wie nur bekam er dergleichen fertig!

Ich weiß nicht, wie lange wir eingesperrt saßen. Schließlich begann der Tee zu wirken; mein Kopf wurde schwer, das Denken gelähmt.

So saßen wir eng beieinander. Das Mädchen war kaum älter als ich, vielleicht nicht so schmal, so zierlich wie ich. Dann merkte ich, daß es taubstumm war! Es konnte weder sprechen noch hören.

Das Mädchen war niemals ein Satanskind! Verachtet wurde jede Schwäche. Jede kleine Behinderung! Gesunde Kinder waren begehrt.

Doch dieses hier war zum Schweigen verdammt! Es hatte keine Stimme. Es war ihm nicht möglich, Satan zu preisen, dem Herrscher der Welt zu lobsingen. So war dieses Mädchen zum Opfer erwählt. Leidvolles Sterben, das ihm bestimmt war.

Wieder erschien der Tod! Streckte stumm seine Hand aus! Jedoch nicht nach mir; ich blieb verschont! Mir war Besonderes zugedacht.

Satanische Macht! Das war das Ziel!

So schulte man mich, Gewalt zu ertragen, Zeuge von Folter und Sterben zu werden. Durfte man so etwas Sterben nennen?

Ein Opfer, das grausam gemordet wurde!

Ein Mädchen, das taub und stumm war!

Verbrannt in den Flammen hat man es. Im Feuer des Pentagramms.

Zuvor aber hat man es vergewaltigt! Und nicht allein der Hohepriester. Auch andere waren besessen darauf.

Wie viele es waren? Ich weiß es nicht.

Nie vergessen werde ich sie.

Ich, die ich abseits des Feuers hockte, in meinen Käfig ein-
gepfercht. Benommen, apathisch, trotzdem wach. Geschüt-
telt von Panik, von Todesangst, kaum wissend, wer ich war.
War ich es, die in Schweiß ausbrach? Stumm vor Entsetzen
ins Feuer starrte? Meinte, das eigene Ende sei nah; auch ich
würde Opfer der Flammen.
Nein, ich blieb verschont. Nicht das geringste geschah mir.
Ich wurde geweiht, das war das Ende. Mehr kann ich nicht
erinnern.
Das Ende eines Frühlingstages? Sagte ich grau? War er
wirklich grau? Schwärzer als finsterstes Schwarz war er,
durchlodert vom teuflischen Feuer.

Was folgte nach dieser Erinnerung? Nach diesem Schock,
diesem furchtbaren Grauen? Ich dachte über mich nach. Ich
fragte mich, was für ein Mensch ich sei; welchem Garten war
ich entsprungen? Was ist es, das ich mein nennen darf? Wo-
rauf schaue ich gern zurück? Ist da etwas, das ich ersehne?
Nach Jahren verlorener Kindheit?
Nein, es gibt keine Sehnsucht in mir. Nicht die, deren Wur-
zeln im Damals liegen. Es gab nicht den leisesten Hauch von
Kindheit; keine Wunder, keine Freuden, nicht einmal ein
Staunen.
Nichts, das ich gern entsinne. Nicht einmal meinen Vater.
Ein dunkler Garten war meine Kindheit. Nur Schweigen,
Stille und Finsternis.
Die großen Augen der Angst. Das nächtliche Wachen und
Lauschen. Auf Schritte, die sich nähern würden, Hände, die
mich greifen.
Und tiefe, tiefe Trauer.
Gibt es nicht einen einzigen Schimmer?
Doch! Meine heimlichen Winternächte. So blau und still und
hell waren sie. Ich träumte in den Sternenhimmel. Ich, die ich
einst in der Kammer wachte. Auch weiß ich noch den Duft

des Rotdorns. Spüre, wie der Wind mich wiegt. Das Schlagen der Amsel höre ich, das Schwatzen der Schwalben im Ried. Und dann das Zirpen der Grillen!

Nichts davon ist vergessen. Alles das lebt fort in mir: das Meer, der blanke Spiegel des Wassers, die kreisenden Möwen über dem Deich. So bin ich getröstet. Es gibt einen Garten. So gibt es ein Stückchen Sehnsucht in mir. Unvergessene Augenblicke. Es ist nicht viel, doch besser als nichts.

Mein wirklicher Garten liegt vor mir. Schon pflanzte ich erste Blumen darin. Blumen voll Duft und Farbe. Die erste heißt Leben, die zweite Lieben! Die dritte ein sprießender Same Vertrauen.

Leben will ich im Licht der Welt! Satanisches Dunkel – Vergangenheit! Trotz des schwarzen Stromes. Trotz der Tiefen, in die er mich riß! Und nie fand ich das rettende Ufer. Ein Griff ins Leere, mehr war es nicht. Wie auch in jener Nacht vor Ostern.

Ostern! Nichts als ein düsteres Märchen.

Eines, in dem ich die Hauptfigur war.

Begann es vielleicht mit: Lobe den Herrn? Worte, die meine Mutter sprach. Ihr Herr war nicht Gott, sondern Satan!

Nein. Das Märchen begann, wie alle beginnen.

Es war einmal, so fing es an. War! Denn vieles gibt es nicht mehr. Es gibt das kleine Mädchen nicht mehr, verlassen steht unser düsteres Haus. Verwildert ist der Garten, umwuchert vom einsamen Wäldchen. Der Vater des Mädchens ist lange tot. Auf immer birgt ihn die Erde, verschweigt sein gottloses Tun. Irgendwo lebt einsam die Mutter, verfolgt vom Schatten schwerster Schuld. Vermodert der Kartoffelsack, zerbrochen das Glas für Tee. Die weißen Körnchen, das Pulver? Aufgebraucht schon seit fünfzehn Jahren.

Was noch blüht, ist der Rotdorn. Auch gibt es noch den Schienenstrang. Doch sonst ist nichts geblieben. Nur das, was ich erinnere. Ein düsteres Märchen, eines, das übelste Wirklichkeit war.

Es war zu Ostern, dem Fest der Christen. Die Satansbrüder nutzten es, sie machten es sich zu eigen. Schon war Karfreitag verspottet worden; mit allem, was sich denken läßt. Jetzt brach die Nacht der Nächte an. Draußen im Moor schien die Welt vergessen. Braune Weite, vom Nebel durchwoben. Hoch oben brach der Mond durch die Wolken, sein Silber benetzte den Tümpel. Nächtliche Stille, in Mondlicht getaucht, vom Mond beschienen die alte Scheune. Der Ort des Märchens, das Wirklichkeit war. Und wo war das Kind des Satans? Die Hauptfigur des Teufelsgeschehens?

Nackt lag ich auf dem Satansaltar, umstanden von satanischen Brüdern. Seltsames Murmeln ertönte. Eigentümliche Worte, Verse, die ich noch heute entsinne. –

Dies ist die Nacht des Todes,
der Opfer und der Gaben.
Dies ist die Nacht des Blutes,
der Satan wird sich laben.
Wir schenken ihm ein Kind,
von denen, die hier sind,
ist eines auserkoren
und nur für ihn geboren.
Die Speis' ist Fleisch und Blut,
die Knochen in die Glut.
Der Herr wird heute kommen,
die Schmach ist uns genommen.
Er wird uns alles geben,
für unser reiches Leben,
als innigsten Beweis,
bezahlen wir den Preis
der Opfer und der Gaben.
Wir können alles haben!

Wir rufen dich, o Herr!
Das Warten wird uns schwer,
jetzt komme schnell herbei,
wir haben vielerlei.
Der Tisch ist reich gedeckt,
das Opfer ist vollstreckt.

Juveta trat hinzu. Im leuchtenden Weiß seiner Robe. Verziert war sie mit teuflischem Schmuck. Ich lag wach, nahm alles wahr. Trotz meiner starken Benommenheit. Diese Nacht galt mir.

Wozu sonst diese Teufelsverse?

Wozu das Verneigen, der Segen, die Weihe?

Hinzu kam, daß ich frei war. Zum erstenmal lag ich nicht in Fesseln. Statt dessen beschienen mich schwarze Kerzen. Vier Kerzen zu Ehren des Mediums.

War ich eitel? Verspürte ich Stolz? Hatte Satan ihn hergehaucht?

Hielt er ein Auge auf das, was geschah? Auf mich, die ich ihm dienen sollte?

Ein Zeichen Juvetas; ich durfte aufstehen. Zwei Satansanbeter traten hinzu, hüllten mich in ein weißes Gewand! Eines, wie Juveta es trug!

Welch ein Stolz erfüllte mich damals.

So schritt ich vor den Opfertisch.

Ich vergaß einen wichtigen Teil des Märchens; den dunklen Winkel der Scheune. Dort lag eine Frau und stöhnte. Schwanger war sie, im siebten Monat.

Man hatte ihr zu trinken gegeben, leitete so die Frühgeburt ein.

Teuflischer Brauch unter Satansanbetern! Das Baby wird später geopfert. Man schneidet ihm die Kehle durch, läßt den winzigen Körper ausbluten.

Ein Ostermahl aus satanischer Sicht. Doch statt eines Lammes verspeist man das Opfer. Sein Blut wird gleich dem Wein gesetzt.

Man denke, ein Lamm wird im Feuer gegart.

Nicht anders verfährt man mit dem Leichnam, bevor man ihn verspeist. »Man« – der teuflische Bund meiner Eltern!

Satanisches Tun, welch finsteres Rätsel. Was war es, das sie dazu trieb? Durchlebten sie schon die Hölle?

Sie suchten das Böse, das Satan verkörpert. Doch schlimmer als Böses waren sie; sie zwangen mir die Finsternis auf.

Ich war es, die töten mußte!

Ich mußte dem Baby die Kehle durchschneiden, gleich, nachdem es geboren war. Ich war es auch, die das Herz rausschnitt. Juveta selbst, er zwang mich dazu.

Ich war wie in Trance, ich gehorchte. Alles tat ich, was er befahl.

Ich legte das Herz in die Opferschale, trank von dem wenigen Blut.

Noch heute befällt mich Übelkeit, gedenke ich meiner satanischen Pflicht, vom Osterlamm des Satans zu essen.

Die Folgen sind unauslöschlich.

Nie mehr mag ich Feuer sehen, nie mehr esse ich Fleisch.

Ostern – das Fest der Satansjünger. Grausames Märchen, das Wirklichkeit war.

Ich weiß noch, daß ich sterben wollte, später, zum Ende des Rituals. Versunken saß ich im Schein der Fackeln, gedachte des grausamen Opfers. Niemand nahm Notiz von mir; satanischer Sex war angesagt. Sexueller Exzeß bis ins Morgengrauen.

So fand dieses Märchen ein Ende. Wenn es doch nur eines wäre. Dann wüßte ich nichts von teuflischen Dingen. Wüßte nicht, daß man Babys opfert, ihr kostbares Blut zur Stärkung trinkt; das winzige Herz verspeist.

Wenn doch alles ein Märchen wäre!

Wie unbeschwert und frei wäre ich!
Doch alles ist finsterste Wirklichkeit! Alles, was geschah.

Mein Trauma spitzte sich zu. Rückblickend kann ich nicht mehr sagen, wie ich diese schlimmste Zeit meines kindlichen Daseins bewältigt habe. Mein tiefes Schuldgefühl, die Verachtung, die ich für mich empfand, dazu die ungeheure Scham machten jeden Tag zur Qual für mich. Obwohl den Hauptteil meines Lebens die Alltagspersönlichkeit trug. Immer zeigte sie sich zuverlässig und beherrscht. Die Kontrolle verlor sie nie. Doch das, was von mir geblieben war, war gefesselt an Scham und Schuld.
Und immer war ich begleitet von Angst.
Ich lebte in ständiger Furcht.
Heute hasse ich meine Eltern.
Glaubten sie wirklich, ich würde des Satans?
Fähig, finsterste Macht auszuüben?
Andere Menschen ins Dunkel zu leiten?
Sie waren überzeugt davon, sahen mich längst als Dienerin Satans.
Das machte sie besessen.
Das Maß ihrer Grausamkeiten wuchs. Erinnern kann ich längst nicht alles. Zu groß ist die Furcht vor neuen Bildern.
Tage vorher spüre ich sie, ich ahne ihr Erscheinen.
Schweißausbrüche, rasender Puls, stundenlanges Weinen im Schlaf. Nicht selten qualvolle Schmerzen.
Einmal schien ich wie verbrannt. Mein Körper zeigte schwerste Rötung; Verbrennungen ersten Grades. Begleitend fühlte ich Hitze, ein Brennen wie in Flammen.
Nach Tagen kam die Erinnerung; wieder eine der schwarzen Messen.
Man hatte sie in die Kirche verlegt, hatte sich nicht im Moor versammelt.

Es war in einer Sommernacht, zu irgendeinem Teufelsfest. Welches es war? Ich will es nicht wissen.

Ich sah mich am Kreuz, wie so viele Male. Benommen war ich wie immer. Trotzdem verfolgte ich das Geschehen, das teuflische Ritual.

Ähnlich wie alle verlief es.

Später vollzog man die Feuerprobe. Mit mir, dem Kind des Satans.

Jetzt wurde ich in die Flammen gehalten, wie irgendwann das taubstumme Mädchen. Nur, daß ich nicht zu Tode kam! Es war an der Zeit, den Grad zu erhöhen; den meiner Unempfindlichkeit.

Unmenschlich, was ich im Feuer erlitt. Unmenschlich, dieser Akt!

Dazu ertönte ein seltsamer Vers, auch ihn kann ich erinnern...

Jawanella ist ein Zwerg – bringt das Feuer auf den Berg.

Nimm die Feder, lang und weiß – fächer damit seinen Schweiß.

Jawanella rufen wir – bringen dir ein schönes Tier.

Kochen Blut ganz dick und heiß – fächern dazu deinen Schweiß.

Jawanella ist ein Zwerg – bringt das Feuer auf den Berg.

Jawanella rufen wir – bringen dir ein schönes Tier.

Die Folter des Feuers blieb nicht ohne Folgen. Ich durfte nicht zur Schule; die Spuren der Flammen waren zu sehen.

Der Arzt, den ich haßte, behandelte mich. Wieder sprach er von Bösesein; sonst wäre dergleichen nicht passiert.

Passiert? Was meinte er damit?

Ich hatte das Trauma abgespalten; nur Bösesein, das kannte ich. So gab ich dem Doktor recht.

Nach einer Woche war ich genesen. Nun ging ich wieder zur Schule. Alles war wie vorher. Mein Leben verlief in gewohnten Bahnen. Schwärzeste Spuren, sie führten ins Nichts. Ins Nichts, das Schweigen und Finsternis hieß.

Und noch einmal wurde ich Opfer.
Noch einmal mußte ich töten!
Ich war ein Kind, und doch schon Mörder! Zwei Babys hatte ich opfern müssen.
Mich zu weigern war mir nicht möglich. Ich war wie verhext, war wie in Trance; führte willenlos alles aus. Alles, was Juveta verlangte. Der Lohn war satanischer Segen. Die Achtung aller Teufelsbrüder, zum Teil in Form von satanischem Sex. Er hielt sich in Grenzen, war anders als sonst.
Dennoch, in mir war Todesangst.
Angst vor dem Satan? Angst vor dem Sterben?
Ich wünschte doch sehnlichst den Tod herbei. Doch nicht durch die Hand der Satansjünger. –
Ich wußte nicht, warum sie mich quälte, die Todesangst, mein zweiter Schatten. Sie wich mir nicht von der Seite.
Ich sagte, daß etwas in mir zerstörte. Ganz plötzlich, wenn ich allein war. So war es auch mit der ätzenden Säure.
Mein Vater saß im Pförtnerhäuschen, meine Mutter stand in der Wäscherei. Finch war bei ihr, so war ich allein.
Was ich machte? Ich kann es nicht sagen. Wahrscheinlich das, was ich immer tat, wenn ich mit mir allein war. Ich saß nicht, wie früher, träumend am Fenster, der Teil in mir war längst gestorben. Ich fühlte mich stets von Unruhe getrieben, rastlos war ich, obschon so müde. Beides bildete düstere Fronten; dazwischen klemmte die Angst. So irrte ich im Haus umher, versuchte meiner Angst zu entkommen. Verloren schlich ich von Zimmer zu Zimmer. In jedem Raum saß lauernd die Stille, sprach lautlos vom finsteren Tun meiner Eltern, hielt unsichtbar das Geschehen fest. Beklemmende Stille, sie barg Gewalt, kannte Perversion und Sadismus. Sie wußte um die Schuld meiner Eltern.

176

Stille, wenn du reden könntest! Zu anderen Menschen, nicht zu mir. Ich verstand, was sie sagte, kannte jeden ihrer Gedanken! Früher war sie Trost für mich, als sie erfüllt war vom Schweigen des Winters. Vom hellen Blick eines Frühlingsabends, vom Sommer, seiner lautlosen Schwüle; wenn Hitze unter dem Himmel brannte. . .

Ich weiß noch das Flimmern über dem Korn, damals, als ich vier Jahre alt war; mein Vater und ich durch den Sommer strichen.

Der schweigenden Nächte entsinne ich mich, wenn endlich das Zirpen der Grillen verstummte, die Stille der Nacht mich umfloß.

Damals war Stille Träumen für mich. Jetzt war sie Flucht vor der Angst. So floh ich von Zimmer zu Zimmer.

Da plötzlich war dieses Wesen da. Das fremde, das zerstörte. Es rannte hinunter ins Badezimmer, durchwühlte sämtliche Fächer. Das, was es suchte, fand es nicht. So stürmte es in den Handwerksraum, griff zielbewußt ein kleines Fläschchen, ein Totenkopf sprach von Lebensgefahr.

Dem Wesen schien das egal zu sein. Es öffnete hastig das Fläschchen, goß den Inhalt über die Arme.

Säure war es, ätzende Säure. –

Das Wesen lachte, dann war es verschwunden.

Zurück blieb ich im Handwerksraum.

Ich weiß noch, wie verwirrt ich war. Wie nur war ich hierhergekommen? Wie war das Unglück geschehen?

Was sollte ich meiner Mutter sagen; wie das Ganze erklären? Ich starrte auf meine verätzten Arme; Schmerzen hatte ich keine! Ein leichtes Brennen, mehr war es nicht. So weit also war ich gekommen! Die Schulung der teuflischen Brüder; jetzt zeigte sie wahren Erfolg!

Ich war immun gegen ätzende Säure!

Ich weiß noch genau, wie Stolz mich erfüllte; wie sehr ich triumphierte!

Heute bin ich traurig darüber. Ich weine um meinen verlorenen Schmerz. Der Weg dorthin war grausam und hart! Ich wünsche ihn nie einem anderen Kind!

Gewiß, da sind meine Unterleibsschmerzen; sie sind Folgen des schweren Mißbrauchs.

Doch andere Schmerzen quälten mich kaum. – Ich konnte in kochendes Wasser fassen, stundenlang duschte ich brühendheiß, ohne mich zu verbrennen. Nicht einmal Rötung zeigte die Haut.

Grund für besonderen Stolz? Damals, als Kind, da war es so. Doch heute? Nein, nicht Stolz, sondern Trauer.

Ich weiß nicht mehr, wie lange ich dastand, halb stolz, halb verwirrt meine Arme anstarrte.

Später erfolgte die übliche Strafe. Schläge bekam ich von meiner Mutter, bevor sie mit mir zum Arzt ging. Ich seh noch, wie er die Arme behandelt; sie pudert und verbindet. Und wieder spricht er vom Bösesein!

Seltsamer Mann, ich mochte ihn nicht. Ich haßte ihn mehr als mein eigenes Leben. Ich, die ich gern sterben wollte. –

Langsam floß die Zeit dahin, langsam verblühte der Sommer. Und wieder zog der Herbst in das Wäldchen. Sturm trieb bunte Blätter auf, wehte sie gegen mein Fenster. Ich merkte nichts davon. Ich wandelte wie im Schlaf. Ich sah und hörte so gut wie nichts. Die Welt, das Leben blieb mir verschlossen, ich hatte keinen Zugang mehr. Der flammende Herbst schien mir stumm und grau, düster wie mein eigenes Leben.

Der Spiegel von dem, was ich sah, war ich selbst.

Mein Körper war matt und zerschunden. Immer ging mir ein Brausen im Kopf, unvermutet erfaßte mich Schwindel, ich stürzte, verlor die Besinnung. Und wie wurde ich am Leben gehalten?

Der Arzt verschrieb mir dämpfende Mittel. Tabletten bekam ich von meiner Mutter, alles, was ich brauchte. Ich selbst griff heimlich zu Alkohol, rauchte Zigaretten. Ich war jetzt zwölf, war alt genug. Es war an der Zeit für die Freuden des Lebens. Endlich Rauchen, endlich Drogen. Was sonst sind Tabletten und Alkohol!

Hatte ich Schnaps oder Weinbrand getrunken, schwebte meine Seele davon. Unendlich leicht, so kam ich mir vor. Leicht und frei schien mein Leben.

Ein bitterer Trugschluß, ich wußte es nicht!

So trieb ich im Strom meiner Kindheit; wurde in tiefste Tiefen gerissen, ohne es zu spüren. Endlich hatte ich Halt gefunden, wenn es auch kein Ufer war. Doch immerhin ein Strohhalm.

Ich ahnte nichts von dem nahenden Ende. Schreckliches Ende, in jeder Hinsicht.

Wieder wurde ich Opfer, wohnte einer Messe bei. Alles geschah, wie es immer ablief. Diesmal war die Kirche der Ort, nicht das einsame Moor. –

Ich weiß, es war im Februar. War es zum Fest der Ormele? Draußen herrschte tiefster Winter. Die Luft war erstarrt in eisigem Frost. Ich fror erbärmlich, mehr als sonst. Ich, die ich nackt auf dem Opfertisch lag. Im Schein von Kerzen und Fackeln. Und wieder umstanden mich Satansanbeter.

Ein Teufelsspiel, das man trieb mit mir! Man hatte mich mit Fell belegt, aus mir, einem Mädchen, ein Tier gemacht.

Ich wurde von einem Bock bestiegen. Tiefste Scham und Erniedrigung.

Mehr kann ich nicht erinnern. Ich hatte das Bewußtsein verloren. Erst später kam ich zu mir. Eben, als Juveta mich weihte. Verhaßter Urin, dieses Satanswasser. Jetzt folgte die zweite Feuerprobe. Teuflisches Tun, wie verfluche ich es! Wieder hielt ich den Flammen stand, bevor man mit Gesängen begann. Beschwörungstänze ohne Ende.

Schwer benommen lag ich und lauschte. Dem dunklen Gesang, dem Getrommel. Verehrung des Teufels zum Fest der Ormele? Warum nur traf es mich? Wer hatte mir dieses Schicksal bestimmt? Ich kann nicht glauben, daß ich es war! Karma? Das denke, wer mag! Ein hilfloses Kind der Qual ausgesetzt? Der Willkür perverser Menschen!

Das scheint mir nie und nimmer gerecht! Ein Kind ist nicht zum Leiden bestimmt. Nicht in Form von Todesqualen! Wer also gibt mir Antwort?

Mit satanischem Sex fand das Fest ein Ende. Orgie bis zum Exzeß!

Wieder war ich fürs Leben gezeichnet.

Ein Feuer? Entsetzen!

Nie mehr Flammen.

Tiere? Nein, ich mag kein Fell!

Schwerste Erniedrigung bedeutet es mir.

Satansjünger! Wie ich euch hasse! Wie ihr mich einst, so verfluch ich euch heute!

Wenn auch mein Fluch nichts nützt!

Mir aber geht es besser danach.

Doch noch bewegt sich das Ende am Anfang. Obschon ich noch immer nichts ahne.

Mein Vater – er rief das Ende herbei! Er stellte mir die Weichen. Doch nun in eine andere Richtung. Ich weiß nicht, was ihn bewog dazu. Vielleicht war der Bock der Grund dafür. Möglich, daß ihm das mißfiel. War dieser eine Schritt zu weit?

Noch blieb alles, wie es war. Obgleich sich manches geändert hatte. Vor allem mein Vater, sein Gebaren. Er schlug mich oft, war roh zu mir.

Mein Vater war schwach, das weiß ich heute. Sein Teufelsglaube veränderte ihn. Er wurde schwer aggressiv. Er war nicht für den Satan gemacht. Nicht für Folter und Mord. Sein Leben lang war er gehemmt, fühlte sich mies und minderwertig. So setzte er Wut in Gewalt um. Auf diese Weise befreite er sich; heute ist mir das klar!

Doch damals? Ich litt, daß er mich schlug. Ich hatte niemanden, dem ich vertraute; ich brauchte meinen Vater. Ohne ihn war ich restlos verloren. Seine Roheit, die Schläge verdrängte ich. Es gab sie nicht! Ich wollte sie nicht! Ich sah meinen Vater in hellstem Licht. Sein Mißbrauch war mir seit Jahren vertraut. Nie wehrte ich mich, auch innerlich nicht. Nur, wenn meine Mutter dabei war, wenn sie ihn zu Gewaltakten zwang. Durch Peitschen, Riemen und Fesseln.
Wie war mein Vater in Wirklichkeit? Was dachte er, was fühlte er?
Ich würde ihn gerne fragen. Vielleicht, wenn die Stunde des Todes kommt, vielleicht kann ich ihn dann fragen!

So schlichen die Tage düster dahin. Dunkle Tage im lichten Winter. Schließlich brach der Frühling an. Mein Vater hatte Geburtstag. Es war an einem Wochentag, ich weiß es, nie vergesse ich es. Wie sollte ich auch, wie sollte ich?
Wir waren allein, mein Vater und ich. Zum ersten Mal seit langer Zeit. Ich sehe noch heute den hohen Himmel, die Vögel weit oben im Wind.
Auch spürte ich den Schein der Sonne, sie warf ihren Strahl zu mir in die Kammer. Seltsam, ich fühlte plötzlich Freude.
Vergessen war der Strom meiner Kindheit.
Da höre ich meinen Vater. Er kommt die steile Stiege herauf, ähnlich wie vor Jahren. Für Augenblicke entsinne ich mich; an damals, als ich drei Jahre alt war. Ich fühle mich auf die Stirn geküßt, gestreichelt, sorgsam zugedeckt. So brachte mein Vater mich zu Bett.
Jetzt bin ich zwölf, schon fast erwachsen. Ich sitze auf meinem Bett. Horche auf meine leise Freude, verfolge dabei den Gang meines Vaters. Schließlich steht er im Zimmer. Im Strahl der hellsten Frühlingssonne. Sein Blick ist anders als sonst. Verlangen steht in seinen Augen; nach mir, meinem jungen Körper.

Ja, mein Vater war anders als sonst. Er war weder stumm noch roh. Er zwang mich nicht, seinen Trieb zu stillen. Er zog sich aus, auch das tat er anders. Er sah mich unentwegt an dabei. Drängte auch mich, mich zu entkleiden; er habe Geburtstag, das wüßte ich doch.

Ich sei sein Geschenk!

Es kam, was schließlich kommen mußte; mein Vater vergewaltigte mich, ohne dabei Gewalt anzuwenden.

Gewalt und Strafe erfuhr ich später. Die Satanisten richteten mich. Ich war für sie verloren. Bis zu jener Stunde im Frühling war ich ein Kind des Satans gewesen. Nun aber war ich unbrauchbar. Ich galt als schmutzig und unrein. Für Mächte des Jenseits war ich verdorben, ich, ein Mädchen von zwölfeinhalb Jahren. Mein Vater hatte mich vergewaltigt.

Wollte er mich retten damit?

Litt er, daß ich gefoltert wurde?

Erfüllte ihn Zorn beim Anblick des Bockes?

Ich denke, daß er mich retten wollte. Mein Vater haßte Satan. Er haßte die teuflischen Rituale. Er haßte auch meine Mutter. Sie hatte ihn in die Enge getrieben. Sie hatte sein Leben zunichte gemacht. Wollte mein Vater mir das ersparen? Wünschte er, daß ich verschont blieb?

Verschont? Es war zu spät. Er hatte von mir Besitz genommen.

Frühling war es, licht der Himmel, ohne eine einzige Wolke. Und doch zogen drohende Wolken auf am Himmel meines jungen Lebens. Schlimmste Strafen brachten sie mir.

Strafte mich der Teufelsbund? Richtete der Satan mich?

Drei Nächte nacheinander litt ich. Duldete Qualen, damit ich schwieg.

Die erste Strafe erfolgte im Moor, am Ende der Welt, wo niemand hinkam. Man saß im Kreis und beriet über mich. Ich, die ich nackt auf dem Opfertisch lag; ins Licht der flackernden Fackeln starrte.

Ich wurde nicht geweiht. Man sang mir keine Huldigung. Verachtung war es, die mich traf.

Schließlich hatte man entschieden, das Urteil hieß Vergewaltigung. Und nicht nur durch den Hohepriester! Alle, die mich wollten! Ein langer qualvoller Akt vollzog sich. Könnte ich nur vergessen, mich seiner nicht mehr erinnern. Wie der Folter, die folgte.

Man hängte mich in Ketten. Wie am Kreuz hing der Kopf nach unten. Mir wurden gewaltsam die Beine gespreizt, Juveta griff eine Stange. Statt Händen, die mir die Beine spreizten, klemmte er das Eisen dazwischen. Höllischer Zustand, den ich erlitt.

Traf mich der Zorn des Satans? War es der Haß der Satansbrüder?

Was weiß ich schon – was weiß ich?

Ich stürzte in rettende Finsternis, verlor mich in schwarzer Stille.

Die zweite Nacht, die zweite Strafe.

Diesmal blieb ich allein. Man brachte mich in ein Kellergewölbe. Wo es war, das kann ich nicht sagen. Auch wer es war, das weiß ich nicht. Mir hatte man die Augen verbunden. Ich hörte einen Schlüssel im Schloß. Jemand schob mich in kaltes Gemäuer, verriegelte die Tür. Die Schritte des Jemand entfernten sich. Jetzt war ich allein, das spürte ich. Trotz der vielen Geräusche. Muß ich beschreiben, wie ich mich fühlte? Unbeschreiblich, die Angst, die ich hatte. Dennoch, ich zog das Tuch von den Augen.

Ratten, Mäuse, Ungeziefer! Ein trübes Licht beschien die Szene. Zeigte vermoderte Wände, Steine voller Feuchtigkeit, ich traute mich keine Bewegung. So stand ich Stunde um Stunde. Reglos, fast dem Wahnsinn nahe. Trotzdem überlebte ich. Wie auch die letzte aller Strafen, sie trug zu meinem Ende bei, trieb mich zum Suizid. –

Die dritte Nacht, die dritte Strafe. Der letzte schwarze Traum.

Ich sehe einen Kanalschacht; dazu meine Mutter, die mich führt. Sie schiebt mich durch ein Netz von Gängen. Von irgendwoher tönen ferne Gesänge, Satansmusik, sie verliert sich bald. Wir nähern uns einem Licht. Es scheint durch eine geöffnete Tür, auf einen Fremden, der auf mich zukommt. Schweigend sieht er mich an, winkt mir, ihm zu folgen. Sein Ziel ist ein Behandlungsraum! Ein Frauenstuhl, zu dem er mich führt. Es heißt, ich solle die Kleider ausziehen. Er hebt mich auf den entsetzlichen Stuhl. Ich bin keine Frau, noch bin ich ein Kind!

Ich schreie lautlos um Hilfe. Doch wer schon sollte mich hören?

So findet die Folter ihren Anfang; ich werde geblendet, so nennt man das wohl. –

Das Licht ist unerträglich! Es schmerzt, als steckten mir Messer im Auge. Der Fremde murmelt von Strafe. Ich hätte Satan hintergangen. Dieses sei die Folge.

Das Licht erlischt, ich bin wie blind.

Schwarzer Traum, so nimm ein Ende! Sei barmherzig, gib mich frei!

Mein Traum ist grausame Wirklichkeit, gnadenlos reiht sich Bild an Bild.

Mein Oberkörper wird gefesselt, die Fußgelenke festgeschnallt.

Und immer noch bin ich blind.

Der Fremde murmelt von Operation; von elektrischen Schocks, die notwendig seien, er müsse meine Gedanken waschen.

Er führt mir kaltes Metall ein. Drähte in Anus und Vagina.

Ein Schlag löst höllische Schmerzen aus. Ich weiß nicht, wie viele noch folgten.

Ich falle und falle irgendwohin, verliere die Besinnung.

Irgendwann erwache ich.

Erlösung? – Nein! Die Strafe geht weiter. Bis sich die Schmerzen in Taubheit verlieren. Jetzt – jetzt spüre ich nichts mehr.

Noch einmal flammt Licht auf. – Ein letztesmal Blendung.

Alles wird schwarz und schweigend. . .

Am nächsten Morgen erwachte ich. Müde sah ich zum Fenster. Teuflische Schatten drängten herein, blähten sich auf zu Riesengespenstern. Sie schwiegen nicht, die Schatten sprachen; erinnerten an das Geschehen der Nacht. Ich wollte schreien, wollte fliehen. Die Schatten kannten keine Gnade, berichteten jede Grausamkeit. So wich diese Nacht nicht von mir. Es gab keine Flucht, kein Vergessen!

Auch ließ sich nicht mein Körper verleugnen, die Schmerzen, die ich spürte. Es war, als brennte Feuer in mir. Wie war ich nur gedemütigt worden, wie skrupellos erniedrigt. Der schwarze Strom meiner Kindheit, er wurde zum tosenden Meer. Jede Woge tiefstes Unglück, tiefste Trauer, Einsamkeit. Verzweiflung ohne Ende.

Ich weinte und weinte Stunden. Niemand kam und sah nach mir. Keiner wollte mich hören. Doch wer schon hatte mich je gehört?

Wem verriet mein Schweigen mein Leben, wer wußte, was sich dahinter verbarg?

Endlich versiegte der Strom meiner Tränen. Die Schatten waren gewichen. Ich hob meine Augen, sah zum Fenster.

Ein Maientag voll Wärme und Sonne!

War die Welt nicht für mich gemacht?

Durfte ich niemals fröhlich sein?

Ein wenig Wärme, ein bißchen Sonne. Ohne die übliche Angst.

Nein, es gab kein Licht für mich. Nur Schatten, die von Folter sprachen. Zurück blieb tiefste Scham. Verachtung vor mir, meinem jungen Körper. Doch jetzt war es genug!

Ich würde sterben ohne den Tod. Fest entschlossen war ich dazu! Der Tod war mir jedesmal ausgewichen. Er wollte mich nicht, er wies mich von sich, verweigerte mir die Hand. Jetzt legte ich selber Hand an mich. Ich selbst entschied über mich und mein Leben! Entriß mich dem Strom meiner Kindheit.

Niemand würde mich hindern daran.

Ich glitt aus dem Bett, huschte zum Fenster. Das Blau des Himmels winkte mir zu. Es lockte, versprach mir Frieden. Das Grün unseres Wäldchens grüßte mich. Das Grün, das einst meine Zuflucht war. Ich blickte zur hohen Mittagssonne; noch war Zeit, viel Zeit. Die Stunde des Sterbens lag vor mir; mit schwindender Sonne wollte ich gehen. Das Schweigen der Nacht war mein Ziel.

Vertraut war mir der Atem der Nacht, vertraut mir ihr schützender Arm! Noch einmal kroch ich zurück in mein Bett. Ich schloß die Augen, schlief ein wenig. Mein Schlaf erzählte von Freiheit, vom Ende meines schwarzen Stromes, vom rettenden Ufer, das nicht mehr fern war. –

Spät am Nachmittag stand ich auf. Im Haus war es still, niemand war da. Mein Vater versah seinen Pförtnerdienst, obschon er krank war, elend und matt. Finch war mit meiner Mutter fort; sie würden erst am Abend kommen.

Ich lief hinunter ins Badezimmer. Dort duschte ich lange und heiß wie nie!

Sterben wollte ich sauber!

Schließlich ging ich nackt vor den Spiegel. Ein Mädchen von zwölfeinhalb Jahren stand dort. Schmal, fast dünn, und doch entwickelt.

Ein Schauer rann mir den Rücken entlang; Ekel vor mir selbst.

Ein junger Körper so abgenutzt!

Gedankenvoll zog ich mich an. Schlüpfte in meine schönste Bluse, den weiten Rock mit dem Blümchenmuster.

Sorgsam kämmte ich meine Locken, band ein weißes Tuch hinein.

Große Augen, die mich bestaunten; seltsames Mädchen im Spiegelbild. Seltsam seine Gedanken! Im Geiste ging es sein Sterben durch. Schluckte Tabletten mit Alkohol, bevor es am Bahndamm Abschied nahm.

Stunden später im Abendrot.

Ich saß auf den Geleisen, sah in die Sonne. Am Ende der Weite glühte sie. Mit flammender Stirn und leuchtenden Augen. Hielt sie die Arme ausgebreitet? Lockten mich goldene Hände? War sie es, die mich rief? War nicht das Schweigen der Nacht mein Ziel?

Du lodernder Ball, du Abendsonne; ich werde mit dir untergehen. In deine Flammen will ich treten. Flammen des Himmels, nicht der Hölle! Und nichts wird von mir bleiben. Ist niemand, der sich meiner erinnert? Ist keiner, der nach mir fragt?

Ich sitze, fühle Benommenheit.

Wie grün sind nur die Wiesen. Wie golden das seidene Tuch darüber. Und dann die Vögel am Horizont, ein jeder einsam wie ich. Doch frei, unendlich frei!

So hocke ich auf den Geleisen, träume in das Abendrot.

Bald ist die Zeit gekommen. Dann sinkt die Sonne hinab in ihr Reich. Zusammen mit mir verläßt sie die Welt.

Die Sonne und ich, ein schönes Paar.

Zum Abschied grüßt uns das Auge der Nacht.

Nur den Tod, ihn will ich nicht, er braucht mir nicht Adieu zu sagen. Zu oft verwehrte er mir die Hand.

Jetzt habe ich selber Hand angelegt.

Gleich ist es soweit, gleich schwindet die Sonne.

Zusammen mit mir verläßt sie die Welt.

Ein schönes Paar, die Sonne und ich.

Wir gehen hinab in ihr Reich.

Epilog

Lauras Suizidversuch mißlang. Man fand sie bewußtlos auf den Geleisen und brachte sie in ein Krankenhaus. Zwar hatte sie eine schwere Vergiftung, doch erholte sie sich. Nach ihrer Entlassung sorgte ihre Mutter für eine Einweisung in eine Jugendpsychiatrie.

Es gab eine Wartezeit von drei Wochen. Bis dahin mußte Laura Nacht für Nacht in dem Bett ihrer Eltern verbringen, als Strafe für ihren Suizidversuch. Die Eltern mißbrauchten sie schwer. Nun, da Laura nicht mehr dem Satansbund angehörte, vergewaltigte sie ihr Vater in ungeahntem Maß. Wie sich die Mutter ihrer Tochter bediente, brauche ich nicht zu beschreiben.

Schließlich aber entkam Laura den massiven Übergriffen; ihre Eltern brachten sie in die Psychiatrie. Mit den beiden leitenden Ärztinnen führten sie ein erstes Gespräch. Andere Gespräche folgten. Allein mit der Mutter, allein mit dem Vater, mit beiden Elternteilen gemeinsam.

Die Ärztinnen kamen zu dem Schluß, daß die Eltern ihrer Tochter ein geordnetes Zuhause boten! Zwar sei der Erziehungsstil des Vaters ein wenig unbeherrscht und autoritär, doch sei ihm aufgrund seines angegriffenen Gesundheitszustandes ein ausgeglichenes Verhalten seiner Tochter gegenüber nicht möglich. Daß Laura rauche, mache dem Vater schwer zu schaffen, da er selbst seit längerem darauf verzichten müsse. Daß es deswegen zu schweren Auseinandersetzungen zwischen Vater und Tochter gekommen sei, verwundere nicht. Daß eine dieser Auseinandersetzungen das

Mädchen zu einem Suizidversuch bewogen hätte, sei verständlich, da es auf den Vater fixiert sei und Zerwürfnisse dieser Art nicht ertragen könne.

Laura selbst erklärte ihr Rauchen gegenüber den beiden Ärztinnen als Symbol ihrer großen Leere, als ein Abbrennen in das eigene Nichts. . .

Die Bedeutung dieser Worte hinterfragten die Ärztinnen nicht. Es regte sie auch nicht zum Nachdenken an, als das Mädchen meinte, es fühle sich nicht zu Gleichaltrigen dazugehörig, es könne nicht spielen und lehne jede altersmäßige Beschäftigung ab. Statt dessen stellten sie mit Befriedigung fest, daß sich Laura nach einigen Wochen Klinikaufenthalt zu integrieren begann. Sie nahm an Aktivitäten teil und fühlte sich zur Gruppe dazugehörig. Nun zeige sich das Mädchen, stellten die Ärztinnen fest, sehr viel offener und ehrlicher in seinen Gefühlen als anfänglich. Nach massiven Gefühlsausbrüchen, die der Mutter galten, sei sogar eine zunehmende Harmonisierung feststellbar. Auch seien die psychosomatischen Störungen im Abklingen, die auf eine neurotische Fehlentwicklung zurückzuführen seien. Laura selbst fühle sich seit frühester Kindheit zurückgewiesen von den Eltern. Als sie sechs Jahre alt war, erlebte sie die Eltern über längere Zeit hinweg schwer erkrankt. In diesen Monaten müsse die neurotische Fehlentwicklung des Kindes begonnen haben, da es nicht in der Lage gewesen sei, die Situation der Zurückweisung zu verstehen und zu verarbeiten. Hierin läge auch der Grund für die starken Kontaktschwierigkeiten, unter denen das Mädchen seit frühester Kindheit leide. Es sei nicht in der Lage, Gefühle zu zeigen oder auszuleben. Nun aber sei Laura auf dem Wege der Besserung. *Am Ende ihres Klinikaufenthaltes wurde Laura von den Ärztinnen wie von der Schwesternschaft als ein fröhliches, harmonisches Mädchen erlebt, in dessen Vordergrund die Rückkehr in die Familie stand. Durch therapeutische Gespräche sei es gelun-*

gen, dem Mädchen zu einem positiven und vor allem realisti-
schen Verhältnis zu den Eltern zu verhelfen! So hätte die
überdurchschnittliche Intelligenz Lauras ihr ermöglicht,
während der Behandlung die belastenden Erlebnisse zu
durchdenken und (wohl) weitgehend zu verarbeiten! – Die
wahrscheinlich ungestörte Emotionalität des Mädchens
erleichtere ihm nunmehr einen Zugang zu seiner Familie!

Mit dieser ärztlichen Beurteilung beziehungsweise mit einem
solchen psychiatrischen Gutachten wurde Laura nach zehn
Wochen Psychiatrieaufenthalt nach Hause entlassen. Was
erwartete sie dort?

Ihr Trauma setzte sich fort. Zwar wurde sie nun nicht mehr
Opfer schwarzer Messen, der Mißbrauch hingegen fand
weiter statt, und zwar in jeder nur erdenklichen Weise.
Schließlich begann sie sich zu wehren. Ihre Mutter aber
stellte sie mit Alkohol und Drogen ruhig. Auch der Hausarzt
verordnete dämpfende Medikamente. Trotzdem entkam
Laura dem Mißbrauch nicht. So entwickelte sie Techniken,
mit denen sie sich in Sekunden ausklinken konnte, sie nahm
also nicht mehr wahr, was geschah.

Endlich faßte sie Mut. Sie wollte ihrem Elternhaus entfliehen. Nun wandte sie sich an Organisationen, die Mädchen in ihrer Situation Hilfe versprachen. Ihr Fluchtversuch
scheiterte. Laura wurde vom Jugendamt und anderen Hilfs-
stellen als das »böse Mädchen« bezeichnet, das den ver-
ständnisvollen Eltern Schwierigkeiten bereite. . . Sie kapitu-
lierte.

Laura fühlte sich einsam, mißverstanden, wie leblos. Häufig
verletzte sie sich selbst. Sie wollte prüfen, ob sie wirklich
noch am Leben war. Sah sie Blut an sich, war sie zufrieden,
sie wußte sich noch nicht gestorben.

Als sie vierzehn Jahre alt ist, begeht der Vater Selbstmord.
Laura fühlt sich tief getroffen. Trotz des jahrelangen Mißbrauchs war ihr Vater der einzige Mensch, den sie geliebt

und zu dem sie Vertrauen gehabt hatte. Was sie durch ihn an Roheit und Gewalt hatte erleben müssen, war längst abgespalten. Nach dem Tod ihres Vaters hielt sie nichts mehr zu Hause. Sie riß aus. Fast zwei Jahre lebte sie vollkommen auf sich gestellt. Sie suchte Gelegenheitsjobs, verdiente sich so ein paar Mark, schlief nachts bei irgendwelchen Jungen. Geld von der Mutter bekam sie keines.

Mit siebzehn erlitt sie ihren ersten Zusammenbruch. Sie wog nur noch vierzig Kilo, aß nicht öfter als alle zwei bis drei Tage, erbrach sich dennoch jede Nacht. Sie griff zu Drogen, nahm Haschisch. Schon morgens begann sie damit. Auf diese Weise betäubte sie ihre Einsamkeit wie ihren inneren Dauerschmerz. Zehn Monate des Jahres war sie krank. Schwerste Unterleibsentzündungen quälten sie. Mehrmals mußte sie operiert werden. Mit siebzehn lernte sie ihren ersten Ehemann kennen. Er war Matrose. Laura sehnte sich nach Liebe und Geborgenheit. Nach einem kalten Entzug heirateten die beiden. Nach der Hochzeit entschwand ihr Mann. Immer war er irgendwo auf dem Meer. Wieder war Laura allein. Kam ihr Mann dann doch einmal, schlug er sie und mißbrauchte sie. Es war wie in ihrer Kindheit. Um sich zu beschäftigen, ging Laura wieder zur Schule. Sie holte ihre Mittlere Reife mit der Zensur »gut« nach. Trotzdem sie schwanger war. Ihre Tochter Lisa war unterwegs. Laura freute sich, sie wollte das Kind. Sie brachte das Mädchen zur Welt, obschon ihre Ehe unerträglich geworden war. Sie begann ihren Mann zu hassen. Vor allem die Sexualität, die ihr Übelkeit, Schmerzen und Erbrechen bereitete. Aufgrund dessen dachte sie zum erstenmal an Therapie. Ihr Mann aber verbot es ihr. Und Laura gehorchte.

Nach zwei Jahren endlich wurde die Ehe geschieden. Laura versuchte ein neues Leben zu beginnen. Für sich und Lisa arbeitete sie Tag und Nacht. Nach drei Monaten brach sie erneut zusammen. Ein neuer Freund fing sie auf. Obwohl er drogenabhängig war, lebte Laura mit ihm drei Jahre zusammen. Sie selbst blieb clean in dieser Zeit. Sie arbeitete, verdiente Geld, trotz ihres desolaten Gesundheitszustandes.

Wieder wurden Operationen erforderlich. Was folgte, war ein weiterer Zusammenbruch. Laura entschloß sich zu einer Analyse. Daß sie unter Amnesie litt, wußte sie nicht. Sie spürte nur, daß irgend etwas nicht stimmte, mit ihr, mit ihrem Körper.

Der Analytiker erahnte den Mißbrauch. Aber er war kein Mann solcher Probleme. So ließ er den alles bestimmenden Teil von Lauras Kindheit unbearbeitet.

Allgemeinmedizinisch ging es Laura in dieser Zeit besser. Nach zwei Jahren galt sie psychisch als geheilt. Zwar war sie nach wie vor hyperaktiv, hatte mehrere Krankenhausaufenthalte überstehen müssen und wurde als arbeitsunfähig eingestuft, dennoch attestierte ihr der Analytiker Heilung. Laura hatte weder eine Ausbildung, noch konnte sie eine Lehre beginnen, ihr katastrophaler Gesundheitszustand machte dergleichen nicht möglich. So lebte sie von der Sozialhilfe. Nach geraumer Zeit fand sie eine Arbeit, die sie ausführen konnte. Sie schaffte es, für sich und Lisa eine kleine Wohnung zu mieten und für das tägliche Leben zu sorgen. Endlich hatte sie ihr Ziel erreicht, sie besaß eine eigene Bleibe und konnte in Frieden leben. Sie würde sich erst wieder anderen Menschen anschließen, wenn sie flügge geworden war. Doch das Gegenteil trat ein. Sie mochte nicht allein sein, floh vor ihrem Dauerschmerz, vor ihrer unterschwelligen Angst, die sie nie los wurde. Magersucht stellte sich ein. Am Ende verlor sie ihre Arbeit. Wieder war sie auf Sozialhilfe angewiesen. Ein Abstieg begann, sie fühlte sich schlechter denn je. Jetzt wurde ihr innerer Schmerz unerträglich. Sie schlief kaum noch, suchte sich Arbeit in einer Diskothek, um so die schlaflosen Nächte zu nutzen. Kurz nach Lisas Einschulung griff Laura wieder zu Drogen. Sie verlor die Kontrolle über sich; nach ein paar Monaten sah sie ihr Leben davonschwimmen. Noch einmal aber bekam sie es in den Griff. Jetzt suchte sie Selbsthilfegruppen auf, hoffte dort auf Hilfe. In der Diskothek arbeitete sie weiterhin, auch blieb sie hyperaktiv. Ihr Gesundheitszustand war desolat. Doch hatte sie sich dazu erzogen, ihren inneren Schmerz wie ihre Unterleibsbeschwerden aus dem Alltag zu streichen. Sogar frisch operiert ging sie zur Arbeit. Nach einem Jahr Selbsthilfegruppe entschloß sich Laura, eine Therapeutin zu suchen. Noch einmal setzte sie alle Hoffnungen darauf, ihr Suchtverhalten wie ihren inneren Dauerschmerz durch eine Therapie identifizieren zu können.

Erste Therapiegespräche fanden statt. Laura entwickelte Vertrauen, sie begann sich zu öffnen. Doch je näher man der Ursache kam, desto mehr Widerstände wurden in ihr spürbar. Ihr Unterbewußtsein streikte, es wollte das Trauma der Kindheit nicht preisgeben. Wieder kam eine Operation dazwischen. Nebenher durchlebte Laura eine katastrophale Beziehung; ihr Freund unterdrückte sie, er quälte sie und zeigte sadistische Züge. Er erinnerte sie an ihre Mutter. Das war der Schlüssel, der ihr inneres Schweigen brach. Nach ihrer Operation wurde Laura in eine Hautklinik überwiesen. Wir wissen, daß sie sich dort einem Medikamententest unterziehen mußte und daß dort ihre erste bruchstückhafte Erinnerung zutage trat. Es war der Anfang unserer Geschichte.

Seitdem sind fast drei Jahre vergangen. Laura hat ihre Einsamkeit, die Verzweiflung und Mutlosigkeit, die sie während der Aufarbeitung ihrer Kindheit überfiel, nach und nach überwunden. Ihre fünfzehnte und letzte Operation entfernte eine Muttermundgeschwulst – Krebs im Frühstadium – auch das hat sie nicht zu Fall gebracht. Sie fand zu sich selbst, lernte sich und ihre Kindheit kennen, lernte sich verstehen und annehmen. Auf alle ihre Fragen hat sie Antwort erhalten. Sie hat einen neuen Lebensweg eingeschlagen und führt nun das so lange ersehnte Leben in Ruhe und Frieden. Und sie kann lieben. Seit zwei Jahren ist sie verlobt. Sie hat einen Menschen gefunden, der ihr mit Liebe und Verständnis begegnet und sie annimmt, wie sie ist. Mit ihrem Trauma, mit ihrem kranken Körper. Und der Lisa ein guter Vater ist. Laura weiß sich geliebt, und sie liebt wieder. Sie haßte Männer, haßte Sexualität. Das hat sich im Laufe ihrer Therapie geändert. Schon gibt es Augenblicke, in denen sie glücklich ist. Es war ein langer Weg bis hierhin.

Ihre letzte große Hürde – eine Odyssee durch das Netz von Bürokratie und Ämtern – begann 1994, als sie aufgrund ihrer schweren Therapiefolgen arbeitsunfähig war, keinerlei Einkommen besaß und versuchte, über eines der staatlichen Ämter einen monatlichen Unterhalt zu erhalten, da der Verdienst ihres Verlobten für eine dreiköpfige Familie nicht ausreichte.

Ihre Odyssee begann im Januar 1994, als sie sich beim zuständigen Arbeitsamt um Krankengeld bemühte. Erinnern wir uns, daß Laura zu diesem Zeitpunkt kurz vor dem Zusammenbruch stand, der eine Einweisung in eine Psychosomatische Klinik notwendig machte.

1994

Arbeitsamt	*Kein* Anspruch wg. Krankheit und Unterhaltspflicht des Verlobten. Verweis auf Krankengeld
1. Versuch	
Krankenkasse	*Kein* Anspruch, trotz verschiedener fachärztlicher Stellungnahmen (Widerspruchsverfahren eingeleitet)
Versorgungsamt	*Kein* Anspruch auf Entschädigung wg. fehlender Zeugen und Verjährung des Mißbrauchs

Weißer Ring	*Kein* Anspruch auf Opfergeld wg. Verjährung des Mißbrauchs
Frauenbüro	*Kein* Anspruch, statt dessen Verweis an Wohnungsamt, Sozialamt, Jugendamt
Wohnungsamt	*Kein* Anspruch auf Wohngeld wg. Altbau und Unterhaltspflicht des Verlobten
Jugendamt	Unterhaltszuschuß für Lisa, bis sie 12 Jahre alt ist. *Keine* weitere Zahlung späterhin
Sozialamt	Amt für Hilfe in besonderen Lebenslagen:
1. Versuch	*Kein* Anspruch
Sozialamt	Amt für Hilfe zur Arbeit:
2. Versuch	*Kein* Anspruch (Lisa ist sozialhilfeberechtigt, solange der Vater keinen Unterhalt zahlt)
Sozialamt	Amt für Hilfe zum Lebensunterhalt:
3. Versuch	*Kein* Anspruch (Lisa wird ergänzende Hilfe zugesagt, solange der Vater keinen Unterhalt zahlt)
B. Gröhlich-Stiftung	*Keine* Reaktion
BfA	Antrag auf befristete Erwerbsunfähigkeitsrente *abgelehnt*. Lt. Gutachter ist L. G. *vollschichtig arbeitsfähig* (Widerspruchsverfahren läuft)
Arbeitsamt	REHA Antrag *abgelehnt*. Lt. Gutachter ist L. G. *nicht vollschichtig arbeitsfähig*
2. Versuch	L. G. *nicht vollschichtig arbeitsfähig*
1995	
Arbeitsamt	Antrag auf Gleichstellung mit Schwerbehinderten: *bewilligt*. Förderung eines Arbeitsplatzes für die Dauer von 2 Jahren

Sozialamt	Mit Aufnahme der Beschäftigung wird die Sozialhilfe für Lisa nur noch auf *Darlehensbasis* bewilligt. (Widerspruch wird angestrebt)

Mit ihrem bewilligten Antrag auf Gleichstellung mit Schwerbehinderten war Laura die Möglichkeit gegeben, sich auf die Suche nach einer angemessenen und für sie interessanten Arbeit zu machen. Sie hat einen solchen Arbeitsplatz gefunden. Damit ist auch ihr letztes Ziel erreicht. Sie sieht ihrer Zukunft erwartungsvoll entgegen.
»Mit jedem Tag wird alles besser.« Diese Worte begleiten Laura überallhin. Es ist der Leitsatz ihres Lebens.
Irgendwann werden die Konturen ihres Traumas verschwimmen, sie wird sich nicht mehr – oder kaum noch – erinnern. Dann wird Vergangenes vergangen bleiben, so wie es Laura anstrebt. Ihr Leben gehört der Zukunft, dorthin ist ihr Blick gerichtet. Seit sie weiß, was mit ihr war. Sie ist dem Strom ihrer Kindheit entkommen.
Sie hat ihr Ufer gefunden.

Abschließende Bemerkungen zu rituellem Mißbrauch

Daß ritueller Mißbrauch sehr viel weiter verbreitet ist, als wir im allgemeinen annehmen, beweist ein aufsehenerregender Fall, der sich 1987 in Oude Pekelar, einem kleinen holländischen Dorf nahe der deutschen Grenze, ereignet hat. Das dort lebende Arztehepaar Dr. Fred und Ietje *Jonker* wurde bei der Behandlung seiner Patienten mit einem kleinen Jungen konfrontiert, der offensichtlich sexuell mißbraucht worden war. Binnen kurzem wurden 87 Kinder aus Oude Pekelar einem polizeilichen Verhör unterzogen. Bei einem Großteil von ihnen vermutete man rituellen Mißbrauch. Dr. Jonker leitete die medizinischen Untersuchungen in diesem Fall und gab sie in einem weltweit veröffentlichten Forschungsbericht wieder.

Ich erhielt die freundliche Genehmigung, diesen Forschungsbericht am Ende meines Buches wiederzugeben. Ich habe den Wortlaut des Herrn Dr. Jonker nicht abgeändert. So mag an manchen Stellen die Sprachwendung des Holländischen durchscheinen, was dem Verständnis des Textes jedoch keinerlei Abbruch tut. Ausgespart habe ich mir die statistischen Tabellen sowie einige weitschweifige Erklärungen, die mir für den Leser nicht so wichtig scheinen. Falls ein Leser den gesamten Bericht des Dr. Jonker wünscht, sollte er sich persönlich an ihn wenden.

Ich danke dem Ehepaar Dr. Jonker an dieser Stelle für ihre Erlaubnis, ihren aufschlußreichen Vortrag/Bericht hier wiederzugeben.

197

Der Forschungsbericht von Dr. Fred und Ietje Jonker

(. . .) Oude Pekelar ist ein holländisches Dorf mit über acht-
tausend Einwohnern (. . .) Seit fast vierzehn Jahren leben
meine Frau und ich jetzt in Oude Pekelar und arbeiten dort
als Allgemeinärzte. Im Mai 1987 wurde ein Arzt mit einem
rätselhaften Fall konfrontiert, der einen vier Jahre alten Jungen betraf, der im Bereich des Afters blutete. Zunächst
konnte keine klare Ursache für die Blutung festgestellt werden. Innerhalb einiger Tage kam (. . .) eine Geschichte
zutage, die auf sexuellen Mißbrauch schließen ließ. Der
kleine Junge sprach von Stöcken, die in seinen After gesteckt
wurden, von brennenden Zigaretten auf seiner Haut und von
toten Babys. Er erwähnte auch den Namen eines Freundes,
dem man sich in gleicher Weise genähert hatte.
Von diesem Augenblick an wurde die Polizei eingeschaltet,
und die Untersuchungen begannen. Unsere Konfrontation
war drei Tage nach dem Beginn der polizeilichen Untersuchungen. Sehr bald wurde uns klar, daß dies nicht ein
zufälliger Fall von Mißbrauch war. (. . .)
Kinder beider Geschlechter im Alter von drei bis zwölf Jahren wurden überredet oder gezwungen, entweder allein oder
in Gruppen in verschiedene Gebäude im Gebiet von Oude
Pekelar mitzukommen. Sie wurden in unterschiedlichen
Fahrzeugen, auch Lastwagen, transportiert. Manchmal
sogar auf Fahrrädern. Und sie wurden von verschiedenen
Erwachsenen begleitet, von denen einige als Clowns verkleidet waren.
Wahrscheinlich begann die ganze Geschichte schon im Sommer 1986. Sie zog sich bis Mai '87 hin. Manchmal wurden
Spiele gespielt, die oft in sexuellen Aktivitäten und Grausamkeiten endeten. Die kleineren Kinder wurden gewöhnlich in
Gruppen zusammengehalten, während die älteren auch allein
mißbraucht wurden. Was hatten diese Kinder zu sagen?

Sie sprachen davon, einen Videofilm gesehen zu haben, ihre Freunde auf dem Bildschirm gesehen zu haben. Der Videofilm war vermutlich dafür gedacht, die Kinder vorzubereiten, ihren Widerstand und ihre Angst zu vermindern. Parties wurden gefeiert; dann kamen die Anweisungen, daß die Kinder sich nackt ausziehen sollten. Die Kinder sprechen davon, daß sie nackt auf dem Boden sitzen mußten, daß sie gezwungen wurden, die Genitalien und Brüste von Erwachsenen zu lecken, daß sie im Kreis herumgehen mußten, mit kleinen Ledergürteln um ihren Penis gewickelt. Sie sprechen auch davon, daß sie in Schwimmbädern schwimmen mußten, daß ihre Köpfe für lange Zeit unter Wasser gedrückt wurden, daß sie mit gefärbtem Duschmittel gewaschen wurden und daß sie einander mit Farbe beschmieren mußten. (. . .) Einige Kinder sprachen von einem Seil um ihren Hals, so lange, bis die Augen im Kopf herumrollten. Sie sprechen davon, daß sie mit Kot beschmiert wurden, daß auf sie uriniert wurde, sogar über ihr Gesicht, daß sie gezwungen wurden, den Kot aus dem After eines Erwachsenen zu entfernen, daß sie gezwungen wurden, diesen Kot zu essen und Urin und Samen zu trinken.

Zweige wurden von Bäumen geschnitten und danach in ihren Penis, ihre Vagina und ihren After gesteckt. Kleine Gegenstände wie Plastikspielzeuge wurden auch in ihren After und ihre Vagina gesteckt. Die Kinder wurden gezwungen, genitalen und oral-genitalen Geschlechtsverkehr zu haben, auch miteinander.

Die Kinder sprechen davon, daß Tiere anwesend waren, zum Teil wirkliche Tiere, zum Teil Erwachsene, die als Bären, Löwen, Krokodile (. . .) verkleidet waren. Bemerkenswert waren auch Dinge wie, daß sie (die Kinder) mit Gürteln geschlagen wurden, die Haken an den Enden hatten, daß sie in den Bauch geboxt wurden, daß ihre Beine getreten wurden. Sie sprechen davon, daß sie an Stangen gefesselt wurden, daß Messer auf sie geworfen wurden, von Steinigungen sprechen die Kinder und daß sie in Schränken oder Käfigen eingeschlossen wurden. Hunde wurden auf sie losgelassen, die dann Wölfe waren. Sie sprechen sogar von noch bizarreren Ereignissen.

Davon, daß sie in einer Kirche waren, davon, daß sie nackt auf einem Tisch liegen mußten. Sie sprechen auch von der Anwesenheit von kaukasischen und negroiden Babys, die in Wiegen festgeschnallt waren. Sie sprechen davon, daß sie die Babys losschneiden mußten, daß sie ein Kreuz in den Rücken der Babys ritzen mußten. Da war auch ein totes Baby, das in einer Plastiktüte weggebracht wurde. Sie sprechen von einem schwarzen Baby, das sie mit Stöcken schlagen mußten. Aber das war nicht so böse, denn »schwarze Babys haben kein Herz oder irgendwelches Blut«. Wir fragten sie: »War das Baby vielleicht eine Puppe?« Sie antworteten: »Nein, oder hast du vorher schon eine Puppe gesehen, die krabbeln oder weinen kann!« (. . .)

Die Kinder sprechen von Feuern, durch die sie gehen mußten. Einige Kinder sprechen von einem Mann mit einer Hand mit Messern an den Fingern.

Verstehen Sie bitte, daß nicht alle Kinder von diesen Erfahrungen sprechen, doch die meisten von ihnen, und immer bei verschiedenen Gelegenheiten.

Sie sprechen von Zigaretten, die auf ihre Haut gedrückt wurden, und von oberflächlichen Messerwunden. (. . .) Es war ihnen nicht erlaubt, darüber zu Hause zu sprechen, sonst würden ihre Eltern getötet, oder ihr Haus würde angezündet werden. Oder man würde das gleiche tun, was man mit dem Kätzchen gemacht hatte, das vor den Augen der Kinder mit einer Kreissäge getötet worden war.

Ein Teil der Jungen beschrieb klar, daß sie anal vergewaltigt worden waren, viele andere Kinder sprechen von Filmaufnahmen und von Bildern, die gemacht wurden.

(...) Zunächst wurden diese zuletzt erwähnten bizarren Geschehnisse nicht der Öffentlichkeit mitgeteilt. Viele Eltern hörten kleine Teile dieser Geschichten, aber sie konnten sich nicht vorstellen, daß solche Sachen wirklich stattgefunden hatten, und schlossen sie aus. Wir erwähnten den Begriff *rituellen* Mißbrauch. Diese Form des sexuellen Mißbrauchs rückt immer mehr in den Blick. Einer der ersten Wissenschaftler, der die Aufmerksamkeit darauf lenkte, war Roland Summit, Kinderpsychiater in Kalifornien. Er schrieb schon 1985 über diesen Aspekt des Kindesmißbrauchs. Nun wissen wir, daß es ein Phänomen ist, das existiert und nicht erfunden ist.

(...) Was meinen wir mit rituellem Mißbrauch?
Ritueller Mißbrauch ist der wiederholte und systematische sexuelle, körperliche und psychische Mißbrauch von Kindern durch Erwachsene als ein Teil eines Kults oder einer Teufelsanbetung.
Will man den rituellen Mißbrauch genauer definieren, muß man vier Gruppen unterscheiden:
1) Ritueller Mißbrauch, der seine Grundlagen in einem hochorganisierten, spirituell ausgerichteten Kult findet. Der Mißbrauch selbst ist nicht das Ziel dieser Menschen, sondern sie glauben, daß die Ausübung solcher Rituale sie spirituell wachsen läßt.
2) Die Gruppe des pseudorituellen Mißbrauchs, der Prostitutionstyp. Hier finden wir Gruppen von Außenseitern, die in kleinen Kultgruppen oder sogar einzeln ihre Praktiken zelebrieren. Diese Menschen benutzen die Religion als einen Weg, ihr kriminelles Verhalten zu rechtfertigen, so daß Schuldgefühle vermindert werden. Hier finden wir die Verkleidung, das Töten von Tieren und andere Gewaltakte zu dem Zweck angewandt, Kinder extrem einzuschüchtern. Diese Gruppen streben keine Ideologie

an, sondern handeln gemäß ihres eigenen kriminell ausgerichteten Interesses.

3) Die dritte Gruppe, die den rituellen Mißbrauch anwendet,
ist die des psychopathologischen Ritualismus. Er schließt
den rituellen Mißbrauch von Kindern als Teil eines
Zwangs- oder Wahnsystems ein. Auch hier geht man
häufig in kleinen Gruppen oder gar nur einzeln vor. Eine
besondere Ideologie vertritt man nicht.

4) Die vierte Gruppe ist die der Jugendsubkultur. Hier wird
das eigene Verhaltensproblem in Form von fragwürdigen
Kulthandlungen ausgelebt.

(. . .) Es gibt einige charakteristische Merkmale, auf die man
beim rituellen Mißbrauch achten muß. Diese Liste ist
zusammengestellt aus Berichten und Artikeln verschiedener,
im wesentlichen amerikanischer Therapeuten.(. . .)
(Da ich bereits in der Einführung meines Buches auf den
rituellen Mißbrauch eingegangen bin, beschränke ich mich
darauf, die angeführten Merkmale lediglich in Stichworten
wiederzugeben.)

1) Kinder werden zu sexuellen Handlungen gezwungen.

2) Kinder können gezwungen werden, bei der Verstümmelung von Tieren zuzuschauen oder daran teilzunehmen.
Desgleichen kann bei der Opferung von Babys, Kindern
oder Erwachsenen der Fall sein.

3) Die Kinder können gezwungen werden, Urin, Samen
und Blut zu trinken und menschliche Exkremente zu
essen.

4) Urin und Kot werden auf Kinder gesprüht, sogar auf das
Gesicht.

5) Die Kinder können gezwungen werden, menschliches
Fleisch zu essen.

6) Die Kinder werden gezwungen, Drogen zu nehmen.

7) Gegenstände werden in Körperöffnungen gesteckt.

8) Verstümmelung und Folter von Kindern ist weit verbreitet. Man tendiert dazu, Kinder zu opfern, die von zu Hause weggelaufen sind, die ungewollt sind, die niemand vermißt.
9) Verkleidungen als Tier sind häufig. Bei Ritualen wird gesungen.
10) Orte des Geschehens sind oft Friedhöfe und einsame Gegenden, wo niemand hinkommt.
11) Pornofilme werden oft produziert, jedoch nie gefunden.
12) Den Kindern wird schwerstens gedroht. Oft mit dem eigenen Sterben, sofern sie etwas verlauten lassen.
13) Ungewöhnliche religiöse Rituale sind möglich; etwa ein auf den Kopf gestelltes Kreuz, Beschäftigung mit dem Teufel.
14) Wasser wird häufig verwendet, als Drohung, Folter.
13) Versuche, bestimmte Ideologien einzuimpfen und Glaubenssysteme zu verzerren.
14) Zerstörung des Selbstwertgefühls.
15) Zeremonien finden häufig an satanischen Daten statt.

Besondere Daten im Satanskalender

Satansanhänger sind vor allem in den Ferien aktiv. Neben ihrem eigenen Geburtstag, der der wichtigste Tag für einen Satansanhänger ist, sind die folgenden Tage mit einer besonderen Bedeutung belegt:
1) 1. Januar, Neujahrstag
2) 2. Februar, Mariä Lichtmeß, Fest von Ormele, der Beginn der Vorbereitungszeit für den Frühling, weil die Tage länger werden
3) 21. März, Tag- und Nachtgleiche im Frühling
4) Verspotten des Karfreitags
5) 30. April, Beltane, auch Maiabend und Walpurgisnacht genannt

6) 22. Juni, Sommersonnenwende, längster Tag des Jahres
7) 26. Juli, großer Höhepunkt nach dem Sommersonnen-
   wende-Ritual
8) 1. August, Lammas, Beginn der Herbstzeit
9) 21. September, Tag- und Nachtgleiche im Herbst
10) 28. Oktober, großer Höhepunkt nach der Tag- und
    Nachtgleiche
11) 31. Oktober, Halloween, Tag vor Allerheiligen, auch
    Samhain genannt, Beginn des keltischen Jahres
12) 22. Dezember, Wintersonnenwende, Jule, kürzester Tag
    des Jahres

Abschließend heißt es in dem Bericht der Ärzte Dr. Jonker:
Mit dem Wissen um diese Theorie und mit Ihrer Erfahrung
mit dem Umgang rituell mißbrauchter Kinder ist es oft ein
langer und harter Weg, um ans Ende zu kommen, zur
Lösung zu kommen. Für die Erkennung des rituellen Mißbrauchs sind eine Menge Hindernisse zu überwinden. Summit hat darüber geschrieben und wies auf folgende Punkte
hin, derer man sich bewußt sein muß auf dem Weg, der
»Verleugnen« heißt (Verdrängung der Tatsache, Anm. d.
Verfn.):
1) Selbstschutz. Die Leute bevorzugen es, zu glauben, daß in
   einer gerechten Gesellschaft Kinder eine glückliche Zeit
   haben.
2) Unterdrückung des Opfers. (...) Wenn das Kind von
   einem Mord berichtet und das angebliche Opfer lebend
   gefunden wird oder keine Leiche gefunden wird, schließen die Untersucher daraus, daß das Kind phantasiert
   habe.(...) Das heißt, niemand wird ihm glauben.
3) Nicht angemessene Untersuchung und Auswertung,
   Mangel an Wissen über die verschiedenen Formen des
   sexuellen Mißbrauchs.
4) Gegenseitige Hinderung.

5) Den Überbringer der Botschaft töten. Dieses spiegelt die Situation in Holland sehr gut wieder. Es ist gesagt worden, daß Mütter, die von den Enthüllungen ihrer Kinder über die Ermordung von Babys berichtet haben, verrückt sind. Es ist auch gesagt worden, daß Ärzte, die die Kinder ernst genommen haben, verrückt sind. Schließlich ist der Psychiater, der von der holländischen Justiz in den Fall hineingebracht wurde, später diskreditiert worden.

Diese ungewöhnlichen Charakteristiken des rituellen Mißbrauchs und der chaotische Stil der Enthüllung sprechen für die Glaubwürdigkeit! Es ist selten, daß ein Kind einen fortlaufend klaren, konsequenten und dauerhaften Bericht abgibt. Ein Bericht aber, an dem sich nichts ändert über eine längere Zeit hinweg, muß als glaubhaft angesehen werden.

(...) Bevor wir mit einigen Schlußfolgerungen zum Ende unseres Vortrages kommen, werden wir Sie über die Situation in bezug auf die polizeilichen Untersuchungen informieren.

Die polizeiliche Untersuchung begann direkt nach der ersten Benachrichtigung der Behörden. Sie dauerte eineinhalb Jahre, führte aber zu keinen konkreten Ergebnissen. Das Untersuchungsteam der Polizei bestand aus einem Maximum von 17 Polizisten, jedoch nur über einen kurzen Zeitraum hinweg. Man verhörte 98 Kinder im Alter von vier bis zwölf Jahren. 62 Aussagen stellten Informationen zur Verfügung. (...) Die Befragung der Kinder war nicht systematisch, oft waren viele Polizisten in Kontakt mit einem einzigen Kind. Die Meinung vieler Eltern war, daß sehr viele Fehler gemacht worden sind. Man setzte keine Fachleute ein, es wurden nicht genügend Ratschläge von Experten eingeholt, die Untersuchungen schienen oberflächlich, und nicht alle Kinder, von denen man glaubte, sie seien betroffen, wurden von der Polizei verhört. (...) Die Gründe für das negative Ergebnis der ganzen Polizeiuntersuchungen könnten auf den anfänglichen Zweifel der Justizbehörden zurückzuführen sein, was zu einer verspäteten Hinzuziehung von Fachleuten führte, sowohl im polizeilichen Bereich, als auch im Bereich der Kinderpsychiatrie. Der Kinderpsychiater Prof. G. Mik wurde erst sechs Wochen nach den polizeilichen Untersuchungen vom Justizdepartment eingesetzt, und auch das war nur dem Druck der Medien zu verdanken. Die Haltung der Behörde führte zu Presseberichten, die von Massenhysterie sprachen.

Das Ergebnis: Die wesentliche Diskussion bewegte sich um das Phänomen der Massenhysterie und nicht um das Thema des rituellen Mißbrauchs von Kindern, um das es eigentlich ging. Es wurde ein Kampf gegen Unglauben, sowohl für die Ärzte, die mit diesem Fall beschäftigt waren, als auch für das Untersuchungsteam der Polizei. (...) Das Gefühl, daß man uns nicht glaubte, wurde laut durch Kollegen, durch Zeitungsberichte und andere wichtige Stellen, die ihre Meinung offen verkündeten.

Wir als die Betroffenen im Kampf gegen den Unglauben möchten noch einige Schlußbemerkungen anführen, bevor wir mit unserem Vortrag zum Ende kommen. Besteht der Verdacht auf rituellen Mißbrauch, dann:

1) Seien Sie offen mit dem Kind und den Eltern. Das Annehmen ist grundlegend wichtig. Nehmen Sie sich Zeit, und arbeiten Sie in einer vertrauten Umgebung, wenn Sie das Kind befragen.

2) Arbeiten Sie intuitiv mit dem Kind, schreiben Sie seine Geschichte in seinen eigenen Worten auf. Fügen Sie nichts hinzu und interpretieren Sie nichts, ohne es danach mit dem Kind zu kontrollieren.

3) Bedenken Sie, daß es Scham, Angst und damit assoziierte Gedanken geben wird. Geben Sie den Untersuchungen Zeit.

4) Schreiben Sie Ihren Eindruck auf, wie das Kind seine Geschichte erzählte. Mit welchen Gefühlen, mit welchen Details.

5) Notieren Sie das Verhalten des Kindes, eventuelle körperliche Symptome.

6) Suchen Sie nach Informationen aus seinem weiteren Umfeld. Nach Veränderungen des Kindes.

7) Ziehen Sie so früh wie möglich Fachleute hinzu, die Erfahrung in der Befragung und Beratung von Fällen rituellen Mißbrauchs haben.

8) Kontinuierliche Weiterbildung und Austausch von Informationen in internationalem Rahmen sind nötig, um das existierende Syndikat zu bekämpfen. Polizeiliche Untersuchungsabteilungen sollten genau wie die sozialen Institutionen auf dem neuesten Informationsstand sein, was den sexuellen (rituellen) Mißbrauch von Kindern betrifft.

9) Sexueller Mißbrauch muß jede Differentialdiagnose vervollständigen, in Fällen von Kindern mit Verhaltensänderungen oder mit Symptomen, die nicht sofort verstanden werden.

Dr. Fred und Ietje Jonker
Oude Pekelar, Holland 9665 B6
F. Clockstr. 167